保育者の働き方改革

働きやすい職場づくりの実践事例集

監修 社会福祉法人日本保育協会
編著 佐藤和順

中央法規

監修のことば

　現在、保育現場における課題の1つに、保育士不足があります。

　これは、待機児を抱える都市部だけではなく、地方部を含めた全国的な課題です。

　厚生労働省が公表した資料（令和2年「保育の現場・職業の魅力向上検討会」資料）によると、2018（平成30）年度の指定保育士養成施設卒業者数は3万9909名で、この内、保育所等の保育士資格を有する必要のある施設に就職している者は、2万6442名（約66％）でした。2016（平成28）年度、2017（平成29）年度からも減少し続けていることもあり、少子化である現状を考えると、今後ますますこの数は減っていくものと推察されます。

　これに加えて、保育現場からは、一度離職した保育士や、資格取得者で就業していない保育士（いわゆる潜在保育士）の採用も厳しい状況にあるとの声が聞かれます。

　厚生労働省は、2021（令和3）年3月に「保育分野の業務負担軽減・業務の再構築のためのガイドライン」を公表し、保育士にとって生涯働ける魅力ある職場づくりを行うことの重要性を示しています。

　当協会では、各施設において保育士が働きやすい環境を検討し、働きやすい環境ができれば、離職者を減らすことができ、さらには就職希望者が増えることにつながるのではないかと考え、このたび、『保育者の働き方改革　働きやすい職場づくりの実践事例集』を企画しました。

　本書には、大きく「業務の見直し」「保育者の支援」「保育の見直し」という3つの視点で施設の従来の働き方を変えた実践事例が掲載されています。

　皆様が本書を活用し、保育士の働き方を考えるきっかけとしていただけましたら幸いです。

社会福祉法人　日本保育協会

CONTENTS

第3章 ワーク・ライフ・バランスの取り組みを実践・成功させるための基礎知識 ── 木元有香

おわりに

第 1 章

これからの保育現場の働き方

I 働き方改革とは

I ┊ 働き方改革の背景

1 生産年齢人口の減少の影響

　第二次世界大戦後、わが国では男性が正社員として稼ぎ手となり、女性が家事とパート労働を担うという性別役割分業が社会の基盤となっていました。しかし、このようなあり方は現在、見直しを迫られています。なぜなら、生産年齢人口の減少により、これまでの産業体制が維持できないという課題に直面しているからです。その解決策として現在、移民の受け入れ、社会での女性のいっそうの活躍が議論されている段階です。特に、男女共同参画社会の実現という観点からも、女性の社会進出を促す施策が重点的に検討・実施されています。

　働き方改革とは、このような状況下において一億総活躍社会の実現に向けて、働く人々がそれぞれの事情に応じた多様な働き方を選択できる社会を総合的に推進するため、長時間労働の是正、多様で柔軟な働き方の実現、雇用形態にかかわらない公正な待遇の確保などを目指すための措置です。わが国においては、2016（平成28）年9月に「働き方改革実現推進室」を設置し、2018（平成30）年7月に「働き方改革を推進するための関係法律の整備に関する法律」を公布したところです。

　その目指すところは、①働き過ぎを防ぎながらワーク・ライフ・バランスと多様で柔軟な働き方を実現すること、②働き過ぎを防いで健康を守る措置をしたうえで、自律的で創造的な働き方を希望する人々のための新たな制度をつくることです。①を実現するためには、長時間労働をなくし、年次有給休暇を取得しやすくすることなどによって、個々の事情に合った多様なワーク・ライフ・バランスの実現を目指すことが求められています。②を実現するためには、同一企業内における正社員（無期雇用フルタイム労働者）と非正規社員（パートタイム労働者・有期雇用労働者・派遣労働者）の間の不合理な待遇の差をなくすことが求められています。

■2019（平成31）年4月〜　　義務
（時間外労働の上限規制の中小企業への適用は
　2020（令和2）年4月〜）

時間外労働の上限規制

労働基準法制定以来初めて、罰則付き
の労働時間規制を導入します。

年次有給休暇の確実な取得

年10日以上年次有給休暇を付与する
労働者に対して、年5日については使
用者が時季を指定して取得させなけれ
ばなりません。

■2023（令和5）年
4月〜　　義務

**月60時間超の時間外労働に
対する割増賃金率引上げ**

中小企業の割増賃金率を引き
上げ、大企業・中小企業とも
に50％となります。

■2019（平成31）年4月〜　　各企業で選択

フレックスタイム制の拡充

労働時間を調整できる期間
を延長し、より柔軟な働き
方の選択を可能にします。

高度プロフェッショナル制度

高度の専門的知識等を有し、職務の範囲
が明確で一定の年収要件を満たす労働者
を対象として、労使委員会の決議および
労働者本人の同意を前提に、健康・福祉
確保措置等を講ずることにより、労働時
間、休憩、休日および深夜の割増賃金に
関する規定を適用しない制度です。

図1　働き方改革を推進するための関係法律の整備に関する法律の概要
出典：厚生労働省「働き方改革関連法のあらまし（改正労働基準法編）」2020年3月

② 働き方改革の考え方と実情

　働き方改革の基本的な考え方は、働く人々が、個々の事情に応じた多様で柔軟な働き方を、自分で選択できるようにするということです。日本が直面した少子高齢化に伴う生産年齢人口の減少、働く人々のニーズの多様化の課題に対応するためには、投資やイノベーションによる生産性向上とともに、就業機会の拡大や意欲・能力を存分に発揮できる環境をつくることが必要となります。働く人がおかれた個々の事情に応じ、多様な働き方を選択できる社会を実現することで、成長と分配の好循環を構築し、一人ひとりがよりよい将来の展望をもてることを目指すのが働き方改革です。

　働き方改革への社会的な関心が高まり、企業による働き方改革の取り組みも進展しつつあります。しかし、企業における働き方改革の現状を詳細にみてみると、残業など長時間労働の解消の取り組みが中心となっているように

思われます。その理由は、企業による働き方改革の取り組みは、時間外労働時間の上限規制（2018（平成30）年の労働基準法改正によって2019（平成31）年に導入）を含む働き方改革関連法の議論に直接的に後押しされている面が大きいからです。そのため企業による働き方改革では、労働時間の削減や有給休暇の取得促進の取り組みが先行的に実施されているという現状があります。これは働き方改革の一部分にすぎません。

　確かに、働き方改革には、長時間労働の解消や有給休暇の取得促進も含まれますが、長時間労働の解消のみがその目的ではありません。例えば長時間労働を例にすると、これまでの恒常的な長時間労働は2つの安心感に支えられていました。1つは、長時間労働が長らく続いたことで形成された「今までそうやってきた」という前例踏襲による安心感です。もう1つは正社員の大部分が長時間労働に同調してきた、同調せざるを得なかった中で形成された「みんなそうしている」という安心感です。これら2つの安心感が時間意識の高い働き方を阻害し、仕事と仕事以外の時間をどう使うかを自分で考えて管理することを難しくしていました。

　働き方改革において大事な取り組みは、多様で柔軟な働き方の実現と労働者一人ひとりが高い時間意識をもった働き方へ転換することにあります。労働者一人ひとりが時間意識の高い働き方に転換すること、さらに多様な人材を受け入れることができ、それぞれの人材が活躍できるようにするワーク・ライフ・バランス支援やダイバーシティ経営*の土台づくりをすることが働き方改革の本質であり、目指すべき方向性なのです。

　ですから、長時間労働を解消するために、多くの企業で普及してきた「17時退出！」といった一律的な労働時間制限は、自分で考えない、判断しないという面ではこれまでと変わりません。目指すべきは、一律的な押し付けではなく、自律的な時間管理に基づく、時間意識の高い働き方への転換です。

　このような方向性に向かうためには、働き方改革においては、やるべきことの優先順位を個人が判断できるようにすること、判断するための価値観や情報を組織で共有することが重要となります。また、仕事と連動し家庭生活などのあり方を検討する生活改革においては、個人が仕事以外にやりたいこと、やるべきことを見つけることも重要となります。自分の働き方や生活を自分で考えることが、働き方改革では重要なのです。これが真の意味での働き方改革であり、社会が目指さなければならない方向性です。

*ダイバーシティ経営
多様な人材（性別、年齢、人種や国籍、障害の有無等）を受け入れ、その能力が最大限発揮できる機会を提供することで、イノベーションを生み出し、価値創造につなげていく経営。

こうした時間意識の高い働き方への転換が実現できてこそ、多様な人材を受け入れることができ、それぞれの人材が活躍できるようにするダイバーシティ経営の土台づくりにつながります。さらに、ダイバーシティ経営の実現は、働き方改革の背景にある労働人口減少への対応のみならず、生産性の向上にもつながります。このような働き方を実現することが働き方改革なのです。

2 働き方改革を推進するリーダーシップ

① 管理職の意識変化が不可欠

これまで述べてきたような働き方改革のカギは、リーダーとなる管理職のマネジメント、管理職の意識変化に負うところが大きいように思います。マネジメントは、「管理」というとらえ方をされやすい概念です。しかし、管理という意味合いのほかにも、「評価・分析・選択・改善・回避・統合・計画・調整・指揮・統制・組織化」などさまざまな要素を含んでいます。これらを総合した概念をマネジメントだと考えた方が理解しやすいでしょう。

マネジメント研究の第一人者のピーター・F・ドラッカー（Peter Ferdinand Drucker）は、マネジメントを「組織をして成果を上げさせるための道具、機能、機関」ととらえるようにしています。マネジメントの役割とは、「組織（会社など）の目的を能率的に達成するために、組織の維持・発展を図ること」なのです（図2）。

多様な人材が活躍できる企業・職場とするためには、まずは管理職などのリーダー自身が時間制約を自覚することが必要になります。しかし、現在の管理職は、これまで時間制約を意識せずに仕事をしてきた人が多いように思

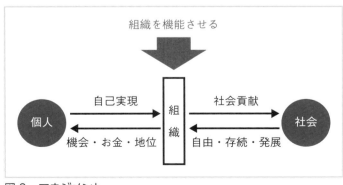

図2　マネジメント

われます。仕事中心の価値観をもっているだけでなく、働き方改革で求められる価値観を望ましいと考えている管理職も少ないのかもしれません。

こうした仕事中心の価値観を変え、管理職が自分のワーク・ライフ・バランスを大事にすることが、働き方改革の第一歩となります。また、働き方改革を担う役割を管理職に求めるのであれば、企業としてはその役割を担えるように管理職を支援することも必要となってくるでしょう。企業と管理職などのリーダーが働き方改革の重要性を共通理解し、自らの働き方を考え、働き方を変え、その後、両者が連携して労働者の働き方を変えていくことが大切です。

② リーダーに求められるスキル

では、働き方改革を進めるために、管理職などのリーダーにはどのようなスキルが必要となるのでしょうか。部下とのコミュニケーション、とりわけ部下の意向を傾聴することが大事だといわれます。

例えば、部下の介護にかかる家庭の問題は、部下がその状況を上司に話さない限りは管理職として把握することが難しい問題です。以前であれば、部下にいちいち尋ねなくとも、自分自身を振り返ることで、部下が希望する仕事やキャリアなどを理解することができていたのでしょう。しかし、現在の管理職にとっての部下は、男性だけでなく女性も多く、また、外国籍社員や短時間勤務の社員、またフルタイム勤務でも残業免除で働く社員、さらには仕事以外の生活を大事にする価値観をもった社員など、部下の属性や働き方が多様化しています。つまり管理職は、これまで一緒に働いた経験がない多様な部下をマネジメントする課題に直面しているのです。

このような課題を解決するために、コミュニケーションツールとしての「1on1ミーティング（個別面談）」が注目されています（図3）。これは部下の成長支援や管理職と部下の間の信頼関係の構築だけでなく、仕事だけではわからない部下の健康状態や家庭の事情などを知る機会として有効であるからです。同時に、管理職として、部下の仕事以外の生活での希望や課題などを知るためのコミュニケーションでは、慎重な取り組みが必要となります。なぜならば、部下が話したくないことを無理に聞き出すような対応をすると、個人的な領域への侵害として、パワーハラスメントと部下が受け止める可能性があるからです。

```
①  テーマの設定
        ↓
②  目標・現状・選択肢の検討
        ↓
③  行動計画の策定
```

図3　1on1ミーティングの流れ

　こうした事態にならないようにするためには、部下から聞き出すのではなく、個人的な希望や課題を部下の側から話しやすいように日頃から信頼関係を構築しておくことが管理職には求められるのです。

③ 仕事管理・時間管理の考え方

　時間制約のない「ワーク・ワーク（仕事を生活の中心とする）社員」が多い時代に出来上がった仕事管理・時間管理は、安易なものになりがちでした。仕事が終わらないときは残業で対処すればよいとする残業依存体質があったからです。その結果、無駄な業務の削減、仕事の優先づけ、過剰品質の解消などを考慮せずに、「仕事総量」を所与として、すべての業務が完了するまで労働サービスを投入し続けるような働き方が行われていました。その結果、質の高い仕事が生み出されていても、無駄な仕事や過剰品質もあり、全体としての時間あたりの生産性は低くなる状態が生じることになったのです。

　時間制約のある「ワーク・ライフ（仕事も生活も大切にしたい）社員」を前提とした仕事管理・時間管理をするためには「時間総量」を所与として、その時間で最大の付加価値を生み出すことが求められます。そのためには、時間を有限な経営資源ととらえ、その時間を効率的に利用する高い時間意識を職場成員の間に定着させることが必要です。

　時間制約のない社員が多数を占める時代とは異なり、時間制約のある社員が主となると、職場成員が同じ場所や同じ時間帯で仕事ができなくなることになります。このような働き方を支えるためには、今、自分は何をしなければならないのかという職場成員間での情報共有や、しなければならないことを見える化することが不可欠となります。情報を共有し、仕事を見える化することにより、場所も時間も異なる社員が連携し、与えられた時間で効率よく仕事をすることができるのです。

2 保育者の働き方の現状

Ⅰ 保育者のワーク・ライフ・バランスの現状

① ワーク・ライフ・バランスの目指すべきところ

　働き方改革は、近年その重要性が浸透し始めた考え方であり、保育者の働き方改革も今後対応しなければならない喫緊の課題です。保育者の働き方の現状を理解するにあたっては、ワーク・ライフ・バランスがその指標として有効だと考えます。

　ワーク・ライフ・バランスとは、内閣府によれば「男女がともに、人生の各段階において、仕事、家庭生活、地域生活、個人の自己啓発など、様々な活動について、自らの希望に沿った形で、バランスをとりながら展開できる状態のこと」と定義されています。ワーク・ライフ・バランスの実現は、性別にかかわらず自らの生活の充実を図ることになり、男女共同参画社会を牽引するものです。政府はあらゆる分野において、ワーク・ライフ・バランス、男女共同参画を推進していく社会システムの構築を目指して各種の方策を講じているところです。女性の社会進出を促すことにより、現在の産業体制・社会を維持・継続していくことを目指そうとしているのです。

　2004（平成16）年に男女共同参画会議のもとに設置された「少子化と男女共同参画に関する専門調査会」において、仕事と家庭の両立支援や働き方の見直しが、男女共同参画の推進と少子化対策の両方にとって重要であることが確認されました。併せて、2007（平成19）年にはすべての人を対象にした「仕事と生活の調和（ワーク・ライフ・バランス）憲章」「仕事と生活の調和推進のための行動指針」が策定されました。

　特に少子化の観点から、女性の社会進出、子育て世代の仕事と育児の両立支援に特化するならば、子育て期の女性の社会進出を推進するためには保育施設の充実が引き続き重要となってきます。保育所の増設や幼稚園の空き教室を利用した待機児童の解消などが中心的課題となっています。しかし、預かり保育に代表される長時間保育、多様な保育ニーズへの対応など保育者の職場環境は厳しさを増してきています。

　ワーク・ライフ・バランスは、前述のとおり「仕事」と「家庭生活」「地

表1　仕事と生活の調和（ワーク・ライフ・バランス）憲章（抜粋）

> 　我が国の社会は、人々の働き方に関する意識や環境が社会経済構造の変化に必ずしも適応しきれず、仕事と生活が両立しにくい現実に直面している。
> 　誰もがやりがいや充実感を感じながら働き、仕事上の責任を果たす一方で、子育て・介護の時間や、家庭、地域、自己啓発等にかかる個人の時間を持てる健康で豊かな生活ができるよう、今こそ、社会全体で仕事と生活の双方の調和の実現を希求していかなければならない。
> 　仕事と生活の調和と経済成長は車の両輪であり、若者が経済的に自立し、性や年齢などに関わらず誰もが意欲と能力を発揮して労働市場に参加することは、我が国の活力と成長力を高め、ひいては、少子化の流れを変え、持続可能な社会の実現にも資することとなる。
> 　そのような社会の実現に向けて、国民一人ひとりが積極的に取り組めるよう、ここに、仕事と生活の調和の必要性、目指すべき社会の姿を示し、新たな決意の下、官民一体となって取り組んでいくため、政労使の合意により本憲章を策定する。
> （略）

域・個人の生活」を年齢や生活状況、個人の希望に応じて調和させることを目指すものです。2010（平成22）年に閣議決定された「子ども・子育てビジョン」においても、その実現が必要であるとして、現在各種政策の中心となっていることもその理由です。ワーク・ライフ・バランスは、働き方改革すべてを網羅するものではありませんが、働き方改革を構成する重要な要件であることは間違いありません。

② 保育者のワーク・ライフ・バランス

　保育施設がさらなる機能拡充を求められる状況下で、保育者自身のワーク・ライフ・バランスは、どのような状況にあるのでしょうか。保育者は子どものモデリングの対象であることが求められ、保育者の行動などが子どもに再生産されることからも、保育者の労働環境、生活の状況およびワーク・ライフ・バランスに関する意識を把握することは、保育の質を維持するという観点で重要です。

　保育者自身が充実した生活を送ることなく、子どもの生活を充実したものにすることは難しいように思われます。保育者のワーク・ライフ・バランスに関する意識は、保育者自身だけではなく子どもの成長にも関係するのです。

　佐藤ら（2012）の保育者のワーク・ライフ・バランス調査からは、以下のようなことが明らかとなっています。第一に、労働時間調査からは、行事に

追われ長時間勤務を余儀なくされる保育者の実態が明らかになりました。労働日数は多くないものの1日9時間を超える労働が恒常的になっており、行事に追われる月には10時間を超えることもあるようです。

保育者の労働時間が、年齢や保育経験、結婚の有無に大きく影響を受けているということもわかりました。年齢が若く、未婚であると長時間労働になり、年齢が進み、既婚であると短時間労働になる傾向があるようです。その他、出産や育児も労働時間に影響を与えると考えられます。

第二に、ワーク・ライフ・バランスにかかる意識調査からは、保育者は理想としては仕事と家庭生活を大切にしたいと考えながらも、実際は仕事中心の生活であると感じていることが明らかになりました。長時間勤務している保育者ほど、仕事中心の生活を送っていると自覚をしています。

労働時間調査と意識調査を総合すると、ワーク・ライフ・バランスの意識と実際の生活には乖離（かいり）が存在するというのが調査の結果でした。今回の調査対象は現役の保育者であるため、仕事が生活の主となるのは当然な一面もあるでしょう。ただ、家事や育児などを含む家庭生活に重点をおきたいと考えた時期には、それが可能となるような職場環境を構築することが必要です。

③ 社会全体で取り組む保育者のワーク・ライフ・バランス

このことは保育者に限ったことではありません。内閣府の調査（仕事と生活の調和（ワーク・ライフ・バランス）レポート2019）によると、雇用形態や性別にかかわらず、「家庭生活を優先したい」または「仕事と家庭生活をともに優先したい」と回答した割合が高い一方で、「実際は仕事を優先」と回答した割合が高いことがわかっています。労働時間の長さや休暇の取得しにくさ、さらに女性の離職理由の1位が妊娠・出産・結婚であるなど、依然として理想と実生活のギャップが大きいことが明らかとなっているのです。

社会全体で取り組む必要があるワーク・ライフ・バランスの実現ですが、そのためには保育者自身だけでは対応の難しい問題が存在していることも事実です。園を含む設置者・行政・社会全体で取り組む必要性があります。具体的には、保育者のキャリアの継続を可能にするために、産前・産後休業、育児休業、短時間勤務などの制度の拡充が求められます。結婚、出産、育児により保育者のキャリアが途絶えてしまうことは、保育の質の向上に反する

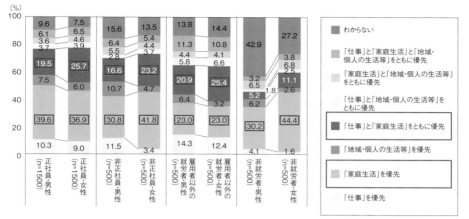

図4　ワーク・ライフ・バランスの優先内容の希望
出典：『仕事と生活の調和（ワーク・ライフ・バランス）レポート2019』内閣府仕事と生活の調和連携推進・評価部会、2020年3月

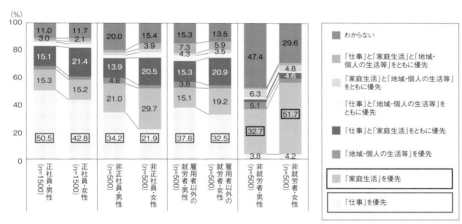

図5　ワーク・ライフ・バランスの優先内容の実際
出典：図4と同じ

ことでもあります。また、年齢が若く、未婚である保育者の長時間労働を軽減する策も必要となるでしょう。理想と現実の乖離を解消すること、つまりは勤務持続可能なライフスタイルを構築することが、今後の園・保育者には求められるのです。

2 保育者のワーク・ライフ・バランスと保育の質の関係

① 保育者の働き方は保育の質と関連する

保育者も労働者であり、その働き方を保障する観点からも、ワーク・ライフ・バランスの実現は必要です。労働環境の検証は、人権確保の観点からも重要な意味を有しています。加えて、子どもの育ちに直結するという観点も必要です。保育者の働き方は保育の質と関連するという観点が、子どもにかかわる保育者の働き方改革においては特に重要となります。

保育の長時間化は、保育者の勤務時間などの働き方に影響を与え、保育者の働き方は保育の質、すなわち子どもの育ちにも影響を与えていることは容易に想像できます。萩原ら（2006）は、保育者の労働条件の悪化が、保育の質の低下につながると指摘しています。ただ、これまで、保育者の職場環境と保育の質に関する実証的な研究は十分ではありませんでした。

保育者の生活の状況と保育の質がどのような関連性を有しているのかを明らかにしている佐藤ら（2014）の調査があります。この調査は、保育者の生活状況と保育の自己評価の関係性を検証しているもので、保育の質そのものとの関連を明らかにしているわけではありませんが、参考にはなると思います。

調査の結果、保育者のワーク・ライフ・バランスと保育の自己評価の関係性については、保育の自己採点と、保育への満足度の高い保育者、換言すれば保育の自己評価の高い保育者は、ワーク・ライフ・バランスの調和度も高い傾向にあることが明らかとなりました。また、「積極的なかかわり」を保育に取り入れているということも明らかとなりました。自らワーク・ライフ・バランスがとれていると考える保育者と、そうでない保育者の保育の自己評価には差があるのです。ワーク・ライフ・バランスがとれている保育者のほうが、そうでない保育者に比して自己評価の高い保育を展開しています。繰り返しになりますが、保育の自己評価の高さが直接保育の質の高さに反映されるわけではありませんが、寄与する可能性は有していると考えられます。

② 保育の質の評価

保育の質を客観的に評価するためには、いくつかの課題をクリアしなけれ

ばなりません。保育の質を評価するには、構造的要因と過程的要因に類型化し、それぞれを具体的にとらえて測定・記述評価する必要があります。

　構造的要因は、クラスの規模や保育者の保育歴などといった指標で数量的に把握しやすいです。これに比べ、子どもの発達に直接的な影響を及ぼす過程的要因は、子どもと保育者、子ども同士、保育者と保護者、保育者同士のやりとりが中心にあるため、観察や評定が困難なものです。この保育の過程的要因をいかに観察し評価するかが、保育の質の評価における最大の課題といえます。保育の質をどのように評価するのかについて、現在専門家の間で種々議論が行われているところです。各種評価ツールの検証が行われているのと同時に、「幼稚園における学校評価ガイドライン」および「保育所における自己評価ガイドライン（2020年改訂版）」などが策定されています。「保育所保育指針」においても保育者自身が自己の保育を評価する自己評価の考え方が導入されており、現時点ではこの自己評価という方法が一定の役割を果たすと考えられます。

　自らワーク・ライフ・バランスがとれている保育者のほうが、そうでない保育者に比べて保育の自己評価が高い傾向にあるのであれば、保育者のワーク・ライフ・バランスの調和度を高めるような方策を推進していくことが、保育の質の向上に寄与することは想像に難くありません。ワーク・ライフ・バランスの実現＝働き方改革ではありませんが、自ら選択した生活を実現することに、働き方改革は大いに関係を有しています。その意味で、ワーク・ライフ・バランスは重要となるのです。

　保育の質の向上の観点からも、保育者の働き方改革は重要な意味を有していて、早急に対応しなければならない課題であることは間違いありません。ただ、保育施設を担う保育者の働き方改革は遅々として進んでいないのが現状です。

3 保育者の働き方改革を実現するために

Ⅰ 保育者の働き方改革の基本的な考え方

① 保育現場特有の事情

　企業の働き方改革から学べることとしては、働き方が硬直化しないように自分で考えること、そして多様性を受け入れることがあると思います。また、そのために管理職のマネジメント、リーダーシップが重要であることも同様です。企業と異なり、保育は生産性や利益を追求するものではありませんが、働き方を改革するにあたって学べることがあるはずです。

　保育者は長時間労働になりやすい傾向があります。「子どもの最善の利益」「子どもファースト」の理念のもと、子どものことを中心に考えることは大切です。しかし、生産性などで判断できないために、どこまでやればよいのかがみえにくいことも事実です。そのため保育者が長時間労働を強いられ、持ち帰りの作業があったりするのが現実です。

　保育者が就業継続の困難感を抱えたり労働環境が低下したりするのであれば、そのことが子どもの育ちの保障に支障をきたすことも認識しておかなければなりません。安易な残業依存や仕事の持ち帰り体質が保育の現場に現存する背景には、必要な時にはいつでも残業や持ち帰りができる保育者、つまり仕事中心の「ワーク・ワーク保育者」が多く存在しているということがあります。フルタイム勤務で、かつ残業や持ち帰りを前提とした固定的な働き方が根強く存在しているのです。

　そのような働き方を前提とすると、働く時間や場所に制約があったり、仕事も仕事以外の生活も大事にしたい「ワーク・ライフ保育者」の人材活用が困難となります。短時間勤務、パートを希望する保育者、またフルタイム勤務でも残業免除で働きたい保育者、さらには仕事だけではなく仕事以外の生活を大事にする価値観をもった保育者などが働きにくい職場環境であれば、保育者不足はより深刻化し、正規の保育者の負担が増加することになります。このことは、新人保育者の就業継続にも影響を及ぼし、保育者が意欲的に仕事に取り組めないという人材活用上の課題が生じることにもなります。

　園が「ワーク・ワーク保育者」だけでなく、仕事以外にも大事なことや取

り組まなければならないことがある「ワーク・ライフ保育者」を受け入れ、多様な人材が保有する能力を活用するためには、従来の残業や持ち帰りを前提としたフルタイム勤務の固定的な働き方の改革が求められているのです。

② 保育者側の課題

　働き方改革を進める際に直面する課題は、保育者の側にもあります。例えば、保育者のすべてが働き方改革の必要性を感じているわけではないことです。保育者の中には、「ワーク・ライフ保育者」だけでなく、「ワーク・ワーク保育者」が一定の割合を占めています。そして「ワーク・ワーク保育者」は、固定的な働き方や長時間労働などの現状の働き方に課題を感じていないことが多いと思われます。そのため、園による働き方改革の取り組みで、長時間労働が解消されたにもかかわらず、仕事満足度が低下した事例もみられます。働き方改革に取り組んだ園で保育者の満足度が低下した理由は、好きな仕事ややりたい仕事に取り組むことができる時間が削減されたと保育者が感じていることなどにあります。

　この課題を解消するためには、働き方改革でこれまで仕事に割かれていた時間が、自分の人生を豊かにするために使うことができる時間だと、保育者が受け止めることができるか否かがカギとなります。豊かな人生は、仕事の充実だけではなく、仕事以外の生活の充実を伴うもの、要はワーク・ライフ・バランスの重要性を認識できるかによるのです。このことが、働き方改革と生活改革の好循環となるのです。

　もちろん、仕事が好きなことは悪いことではありません。しかし、仕事が好きでも、仕事だけの生活をしている保育者は、視野や人間関係が仕事に偏ることで成長の機会が制約される懸念もあります。このことは、保育者の成長を望む園にとっても課題です。

　さらに、「ワーク・ライフ保育者」を増やしていくためには、長時間労働の解消だけでなく、メリハリのある働き方の実現を通じて、保育者一人ひとりが平日のゆとりを確保できるようにすることも大事になります。長時間労働を解消することは望ましいことですが、より大事なのは毎日30分間の残業でなく、残業ゼロの日を確保すること、つまり平日のゆとりの実現が目指されるべきです。

　仕事以外の生活の充実のためには、例えば、残業ゼロの日と残業1時間の

日の組み合わせが望ましいといわれています。これは、平日のゆとりがないと、平日に仕事以外でさまざまな活動に取り組むことができないためです。病院に行きたいけど行けない、保育のスキルアップのための練習や稽古の時間もとれない。長時間労働や持ち帰りに疲弊して、就業継続が困難になる。このような悪循環を断つためには、「今までそうやってきた」「みんなそうしている」という安心感に頼らない職場環境をつくっていく必要があります。今後は、自律的な時間管理のもとで、自分で考える時間意識の高い働き方への転換が必要となるのです。

このような方向性に向かうためには、働き方改革においては、やるべきことの優先順位を個人が判断できるように、判断に足る価値観や情報を組織で共有することが重要であり、生活改革においては、個人が仕事以外にやりたいこと、やるべきことを見つけることが重要となります。

③ 時間を有限な経営資源ととらえる

保育者の働き方改革を推進するためにも、企業同様、管理職、園でいうならば設置者、園長・所長、主任保育者などのリーダーが組織をマネジメントしなければなりません。多くの園は、企業などに比べて組織規模が小さく、リーダーの影響力がとても大きな組織であるといえるので、リーダーが自覚的・省察的に、働き方改革についてもマネジメントを行う必要があります。

保育士等キャリアアップ研修において「マネジメント」分野が設けられているように、今後の園においては、リーダーの考え方がより大切になってきます。しかも、カリスマ性や権威のあるリーダーがあらゆる運営や計画においてトップダウンで指示を出すピラミッド型ではなく、分散型・協働的リーダーシップが大切です。これは、組織のどこにでもリーダーシップが存在するという考え方で、適切な知識や専門の技術をもつ各リーダーが相互に意見を交わしながら主導し合える、階層のないモデルです。

自律的に時間管理を行う、職務範囲や機能ごとに専門的な内容に関する見識をもつリーダーが分散し、学び合える協働的な組織では、改善につながる変化や機会がとらえやすくなるために、挑戦する力をもつリーダーの出現率が高まります。それは組織のイノベーションにつながり、園全体にも活力を生むでしょう。働き方改革に求められるリーダーは、自覚や使命感をもってさまざまな領域のリーダーたちが互いに可能性を引き出し合える、しなやか

で応答的な関係づくりや組織に誕生するのです。

　企業と同様に園においても「仕事総量」を所与として、すべての業務が完了するまで労働サービスを投入し続けるような働き方ではなく、「時間総量」を所与として、その時間で最大の付加価値を生み出すことが求められます。時間を有限な経営資源ととらえ、その時間を効率的に利用する高い時間意識を保育者間に定着させることが必要です。

　保育はどこまでやっても、完璧ということはありません。そのことが保育の質の向上につながることも事実でしょうが、終わりがないことも働き方を考えるうえでは難しい課題です。一定の質を保つことを前提として、ある程度のところで切り上げるという態度も今後は必要となるでしょう。

2 ┆ 園における働き方改革の推進例

　園における働き方改革を実際に進める際には、どのようなことに気をつけていればよいのでしょうか。代表的な推進例を考えてみたいと思います。

① キャリアパスの明確化、多様で柔軟な働き方を選択できる職場環境

　保育者が安心して働くことのできない園では、子どもによい保育を提供できないでしょう。働き方改革の一環としての職場環境の改善は、保育者の成長や保育の質の向上にとても重要です。

　保育の仕事に魅力を感じるためには、保育者が５年後、10年後の自分の姿がみえることが重要だといわれています。園は、産休・育休後のキャリアパスの明確化や職場復帰支援プログラムの作成をはじめ、生涯保育者として働くためにはどうすればよいか考えなければなりません。

　そのため、園やリーダーは、保育の方針を明確にして園内で共有を図り、その理念をもとに、保育者が離職しないための定着管理のマネジメントを行い、育児や介護など一人ひとりの事情に応じた、多様で柔軟な働き方を自由に選択できる職場環境を整備して、必要に応じて保育者も参画しながら改善を図ることが必要です。

　具体的には、保育者の勤務時間の改善（休憩時間の確保を含む）や有給休暇の取得促進などを進めるとともに、育児休業、介護休業等育児又は家族介

護を行う労働者の福祉に関する法律に基づく育児・介護休業制度や短時間勤務制度、子の看護休暇・介護休暇制度などを就業規則などに整備することです。加えて、育児・介護休業や短時間勤務中の職員の代替要員の確保を進め、育児休業などを取得しやすい職場環境づくりをしなければなりません。また、勤務時間・雇用形態にかかわらず、保育者の技能、経験、役割に応じた処遇に努めなければなりません。

　例えば、出産する前に積み上げてきたキャリア・経験を復帰後の処遇に反映することや、シフト固定の正規職員や週4日の短時間正規職員制度を設けて、その制度を利用できるようにすることなども考えられるでしょう。園やリーダーは、保育者の意向を踏まえ、育児・介護休業を取得でき、制度を利用する以前の働き方へ早期に復帰できるようにするなど、休業前、復帰前、復帰後などに職員とコミュニケーションをとりながら、仕事と育児・介護が両立し就業が継続できる働き方を実現させることなどに配慮することが必要です。

　これらのことを実現するために、園は行政機関や社会保険労務士などの専門家へ相談し助言を受けることや、園長・施設長や主任保育者が働き方改革に関する研修などに参加し、職員と働き方の見直しなどについて話し合うことを通して、保育職の魅力とやりがいに見合った職場環境にしていけるよ

改正前	改正後
・半日単位での取得が可能 ・1日の所定労働時間が4時間以下の労働者は取得できない	・時間単位での取得が可能 ・すべての労働者が取得できる

☞　「時間」とは、1時間の整数倍の時間をいい、労働者からの申し出に応じ、**労働者の希望する時間数で取得できる**ようにしてください。

☞　法令で求められているのは、いわゆる「中抜け」なしの時間単位休暇です。
　・法を上回る制度として、「中抜け」ありの休暇取得を認めるように配慮をお願いします。
　・すでに「中抜け」ありの休暇を導入している企業が、「中抜け」なしの休暇とすることは、労働者にとって不利益な労働条件の変更になります。ご注意ください。

（注）いわゆる「中抜け」とは、就業時間の途中から時間単位の休暇を取得し、就業時間の途中に再び戻ることを指します。

図6　育児・介護休業法に基づく育児・介護休業制度
出典：厚生労働省「子の看護休暇・介護休暇が時間単位で取得できるようになります！」2019年12月

う、学びや取り組みを進めていくことも必要です。

　一方、行政なども園の働き方改革の取り組みを支援するため、働き方改革支援のコンサルタントとして、経験豊富な社会保険労務士などの専門家を園へ巡回させることを支援することや、働き方改革に関する研修会を開催することなどが求められるでしょう。園の自助努力のみでは難しい事項もありますので、関係機関、国を含む行政などとの連携が必要となってきます。

② 保育者の業務負担の改善例
ICT などの活用による業務改善

　働き方改革を進めるためには、保育業務の効率化と業務改善を進めることが不可欠です。保育の仕事が多忙である要因として、保育者が作成しなければならない書類の多さ、保育の周辺業務や補助業務の ICT（情報通信技術）化が進んでいないことが指摘されています。

　保育者の業務の負荷に関する調査では、保育者からは保育にかかわる相談時間の確保が困難であること、保育者自身が子どもに行う保育のあり方を検討する時間が不足していることなどが指摘されています。このことは、保育者が子どもとのかかわり方を考え相談できる時間を十分にとれていない状態であることを意味します。保育の質の向上という観点からは、とても問題のある状況です。この問題を解消するためには、日々の保育・業務内容を見直し、子どもとのかかわり方などを考えられる時間を確保することが求められます。具体的には、ICT の活用、保育補助者・保育支援者などに代表される多様な人材の活用および保育業務で作成する書類の削減などが考えられます。

　園において、ICT を活用して子どもの登園管理や保護者への連絡・記録を行うことにより、業務効率化と業務改善も進めることが可能です。ICTの活用により、データが活用される形で園に蓄積されることで、人間による過誤を防ぎ、例えば、保育中の事故の未然防止につなげるなど業務改善を図っていくこともできます。さらに、データを園内・他園との間でリアルタイムで共有することも可能であり、感染症対策など子どもの健康・安全確保に役立つような取り組みを進めることも期待されます。

　ICT については、保育の質の向上のために、民間企業と地方自治体が試行的な取り組みを行っているほか、オンライン研修会を進めることにより、

首都圏と地方の受講機会の格差がなくなる。また、直接的ではないですが、経験年数の浅い保育者でも ICT のリテラシーを活かし、先輩保育者に ICT の利用に関して助言することを通して、経験年数にかかわらず、率直な意見やよいアイデアを提案できる雰囲気が生まれ、より豊かな保育実践につながる可能性が広がることも期待されます。

　保育への直接の活用も可能です。経験年数が浅い保育者は子どもの表情、顔だけを見ていますが、10 年程度経験した保育者は表情だけでなく、周りの状況も見て、総合的な状況の中で子どもの動きをとらえ深く理解しているといわれます。

　保育者として子どもの姿が本当に理解でき、保育の楽しさを実感できるようになるには 10 年程度の経験が必要であると考えられますが、その前に離職する保育者が多いのが現状です。ICT を保育の振り返りや研修などにうまく活用することにより、個々の保育者が自律的に、また自覚的に豊かな実践力を身につけることを可能にするという活用法も考えられるでしょう。

　テクノロジーの進歩と今回の新型コロナウイルス感染症により、ICT を活用する必要性がさらに高まっており、そのことも十分に考慮して推進することが必要だと思われます。

　一方、ICT が未導入であったり活用を進められていない原因としては、検討する人的余裕がないこと、園長、施設長自身が ICT に対する苦手意識があり検討が進まないこと、インターネット環境やパソコン・タブレットなどのハード面が整備されていないことなどが考えられます。これらの課題をいかに解消するかが、ICT の活用の成否を握るカギとなります。園としては、IT リテラシーが高い若手保育者を現場の業務改革リーダーとして育成することにより、ICT の導入を推進するなどの態度が必要です。

多様な人材活用による業務改善

　保育補助者・保育支援者などに代表される多様な人材の活用については、国によって保育体制強化事業・保育補助者雇上強化事業などの制度が導入され、多様な人材により保育業務を行う体制を整える準備ができているようにみえます。

　一般的には、保育補助者・保育支援者などを雇用できれば、保育者一人当たりの担当業務を軽減できることは明らかです。その他、保育士試験による有資格者は増加しており、中には、これまでの経験や知識を活かしつつ、男

性も含め保育者として活躍しているシニア人材もいます。人生経験が豊富な
シニア人材は、保護者とのやりとりも上手にできる人が多く、週3日働ける
シニアの保育者を2人確保すれば、一人のフルタイムの保育者と同等の仕事
ができる計算になります。

　多様な人材を活用するためには、保育補助者・保育支援者などの担当業務
を明確にすることが必要です。例えば、クラス担任の行事準備の負荷を減ら
すために、行事に必要な装飾の企画やデザインはクラス担任、そのデザイン
をもとに製作する作業は保育補助者が担当するように役割分担を行うことな
どが考えられます。担当をすみ分けることにより、クラス担任の行事準備に
かかる負荷が減るという仕組みです。仕事の一部をクラス担任から保育補助
者などに任せることについては、どちらがどこまでやるのかについて、両者
間でしっかりとした意思の疎通が必要となるでしょう。

　一方で、保育補助者などの活用に際しては、採用、業務の割り振り、シフ
ト管理の観点から課題もあります。これらの課題を解消するためには、保育
者の専門性が必要な業務と周辺業務の見える化を図ることにより、保育者の
業務と保育補助者らの業務を明確化することが大切です。保育補助者として
何を行うのかが明確になれば、保育者の資格を有していない者に対する求人
が行いやすくなり、保育にかかわる人材を増やすことができるでしょう。ま
た、生まれた時間を活用して、ノンコンタクトタイムの確保や、保育者に向
けた研修を実施することなども可能となります。このことは、保育の質の向
上にもつながります。

　多職種協働の観点からも、国は多様な背景を有する保育補助者などが保育
者資格を取得して、保育者として働いてもらえるよう、支援策を継続すると
ともに、業務負担軽減のための保育補助者に対する国の補助制度について、
ニーズの増大を踏まえ、活用促進策を検討する必要があるでしょう。

保育業務で作成する書類の削減などによる業務改善

　保育業務で作成する書類の削減などについては、ICTの活用とも関係し
ます。保育者は日々、多様な書類、記録の作成に追われています。ICTに
よる書類作成の現状を検証すると、多くの園が園児台帳の作成機能が付随す
るICTシステムの活用を進めているものの、指導計画や日々の発達の記録
を行う書類については、ICTの導入にハードルがあることがわかっていま
す。

保育業務で作成する書類そのものの検討も必要だと考えられます。例えば、保育所の「児童票」に関しては、児童福祉施設の設備及び運営に関する基準第14条で、保育所に整備しなければならない「入所している者の処遇の状況を明らかにする帳簿」の一環として作成されています。しかしその内容は、子どもの情報のみを記載する児童台帳のような役割を果たすものから、基本情報に付随して子どもの定期的な発達の記録を記したものまで、機能や内容は多様です。「児童票」「クラス記録（保育日誌など）」「長期的な計画」「短期的な計画」については最低限必要な項目を定め、簡素化するなど標準化することで、保育者の負担軽減につながるのではないかと考えられます。それをICT化すれば、負担はいっそう軽減されるでしょう。園ごとに検討することも必要ですが、国などが中心となり、ひな形を示すことが早急に求められます。

3 ┊ ノンコンタクトタイムの重要性

Ⅰ ノンコンタクトタイムの創出に向けた環境整備

　園長・施設長が中心となって、業務効率化と業務改善を行う際には、休憩時間とは別に物理的に子どもと離れ、各種業務を行う時間とする、いわゆるノンコンタクトタイムを確保し、保育者同士で保育の振り返りなどを行うことが重要となります。子どもの育ちに常にかかわりたいという保育者の気持ちは十分にわかりますが、時間は有限ですし、一人当たりがこなすことのできる業務には限りがあります。「仕事総量」を所与とするのではなく、「時間総量」を所与として、時間を効率的に利用する高い時間意識を保育者間に定着させることが必要です。まずは、保育者が休憩時間を確保し、ノンコンタクトタイムを利用して、保育方針の共有、書類・教材の作成や話し合いの時間、研修時間などにあてることも可能です。

　しっかりと休憩をとり、就業時間内に子どもにかかわる以外の業務を消化する体制を構築することが、保育者の健康、就業継続につながり、ひいては保育の質の向上に発展していく可能性を大きくさせるのです。ノンコンタクトタイムを確保するためには、これまでに述べてきたような取り組みを複合的に行うことが必要となります。ICTの活用、多様な人材の活用、保育業務で作成する書類の削減など、すべてがノンコンタクトタイムの確保と関連

しているのです。

その際、勤務時間のうちノンコンタクトタイムが一定時間以上明確に確保されるように、保育者が一日の勤務時間を何に使っているのかを明らかにして、見える化すると同時にICT化などの推進により、業務省力化を進めることが、ノンコンタクトタイム確保の第一歩となるでしょう。

② 保育者が相談できる体制の整備

その他、保育者の働き方改革に関しては、保育者が相談できる体制の整備も有用です。就労条件の改善が必要な園のほか、保育の長時間化の問題や、子育て支援をめぐる保護者との関係性の問題などが指摘される状況下、ほかの職業と同様に、長時間労働や人間関係の問題からメンタルヘルスが不調になる保育者もいます。保育者が保育現場で就業継続できるように、保育者が園長経験者など外部人材に相談しやすい環境を整備することは、検討する価値があるでしょう。

保育現場のみならず、園を運営する主体となる事業者（社会福祉法人、学校法人、株式会社、地方自治体など）の役割も忘れてはなりません。法人全体の理念や方針の共有、マニュアルや研修制度の充実が重要であるとともに、保育実践における創意工夫やそのための裁量など、保育現場と保育者一人ひとりの主体性が十分尊重されていることも、保育の質の充実と保育の魅力向上にとって欠かせません。運営事業者がこのような取り組みを積極的に進めていくためには、事業者自体が保育の質・魅力の向上に関心をもつことが必要であり、そのための交流・協議の場をつくることが求められます。

これまで述べてきたように、保育者の働き方改革は、保育者、園だけではなく、運営事業者そして国や自治体すべてが連携をして進めていかなければならないものです。そして、すべては保育の質の向上、子どもの育ちを確かなものにするために行われるという意識が必要です。

保育の質の向上を図るため、働き方改革を進めるとともに、自己評価にとどまらず、他者からの評価を受ける、さらに進んで公開保育のような取り組みを行う。公開保育や研修会などの機会にほかの園の保育者と語り合うことで、ほかの園の見習うべき点を知りつつ、自分の園のよさを再確認できる。こうした保育者同士の横のつながりを積み重ねることで、保育の質の底上げが図られます。働き方改革を基点に、生涯働ける魅力ある職場づくりに向け

て、全員で力を合わせて進んでいきたいものです。

【参考文献】

・秋田喜代美・馬場耕一郎監、秋田喜代美・那須信樹編『保育士等キャリアアップ研修テキスト
7マネジメント　第2版』中央法規出版、2020年

・厚生労働省「令和元年度保育士の業務の負担軽減に関する調査研究　事業報告書」2020年3月

・厚生労働省「保育分野の業務負担軽減・業務再構築のためのガイドライン」2021年3月

・厚生労働省「保育の現場・職業の魅力向上に関する報告書」2020年9月

・佐藤和順『保育者のワーク・ライフ・バランス―現状とその課題―』みらい、2014年

・佐藤和順・柏まり「幼稚園教諭のワーク・ライフ・バランスに関する意識と実生活の乖離」『人
権教育研究』第12巻、2012年

・佐藤和順・熊野道子・柏まり・田中亨胤「保育者のワーク・ライフ・バランスが保育の評価に
与える影響」『保育学研究』第52巻第2号、2014年

・佐藤博樹・武石恵美子編『ダイバーシティ経営と人材活用　多様な働き方を支援する企業の取
り組み』東京大学出版会、2017年

・佐藤博樹・武石恵美子責任編集『シリーズ　ダイバーシティ経営　働き方改革の基本』中央経
済社、2020年

・萩原久美子『迷走する両立支援　いま、子どもをもって働くということ』太郎次郎社エディタ
ス、2006年

・ピーター・F・ドラッカー著、上田惇生編訳『マネジメント［エッセンシャル版］　基本と原
則』ダイヤモンド社、2001年

第 **2** 章

実践から学ぶ ワーク・ライフ・バランス 実現のプロセス

保育の仕事が多忙である要因

　保育者の働き方改革を進めるためには、第 1 章でも述べたとおり、保育業務の効率化と業務改善を進めることが不可欠です。

　保育の仕事が多忙である要因として、保育者が作成しなければならない書類の多さ、保育の周辺業務や補助業務の ICT 化が進んでいないことが指摘されています。ICT の活用により、保育業務で作成する書類に代表される事務作業の軽減を図ることが可能になるなど、両者は関係しています。ICT の活用は書類作成の削減に限定されるものではありませんし、書類作成以外の事務作業・業務の軽減も重要です。本節では、保育者が直面する事務作業の見直しの事例を紹介しています。

業務の定義化と共通理解

　業務の効率化と改善を進める前提として、まずは保育者の業務について検討する必要があります。保育者の業務が何を目的にしているのかなどの定義を共有し、必要な仕事とそうでない仕事の共通理解および業務の整理・効率化を図り、労働環境の改善を行った事例を紹介します。具体的には、掃除の意識改革を行っています。最低限必要な掃除について検討し、実際の掃除の時間を減らし、その時間を子どもへのかかわりや休憩時間に振り替えました。実際に時間を有効に使うことができていることに加え、掃除をしなければという心理的負担から解放されたことは大きいと思います。

　また、保育者の働き方改革の入り口として、有給休暇の取得率向上を目指して多様な取り組みをした事例があります。その過程において、保育者の意識を変える必要性に気づき、「1 人 2 改善の提案表」に取り組みました。保育者からの提案こそが、保育者が求めている改革であり、それぞれの提案を丁寧に全職員間で確かめて、さらに改善をしていくことによって働き方を構築していく。これこそが事務作業の見直しの本質だと思います。

　例えば、1 週間の勤務シフトをこれまで慣例的に月曜日始まりだったものから水曜日始まりに変更する。休日が間に入り体力的な負担が軽減するので改善してほしいとの保育者の提案を、全職員で検討した事例などです。園によって状況は異なるので、一概に応用できるものはないでしょうが、園に相応な働き方改革を行うということは必要な考え方でしょう。

　また、共有カレンダーの導入、指導計画・連絡帳の電子化、お昼寝センサーの導入、園内コミュニケーションツールや会議ツールの利用、スマート

スピーカーの各保育室配置などの事例も紹介しています。現時点で、自園に導入が難しいと感じるもの、そこまでハードルが高くないと感じる事例もあるでしょう。可能な範囲で各園が導入を検討することが、働き方改革の第一歩となるでしょう。

業務の見直しの背景にあるもの

　本節で紹介した事例を導入する以上に大切なことは、これら事務作業の軽減の背景にある仕事の質を意識したマネジメント能力や、未来志向のポジティブイメージ、チームワークの重要性に気づくことです。ICT の導入や事務作業の軽減がゴールではありません。その先にある未来を全職員で描くことが最も重要なのです。そのための ICT 化、事務作業の軽減であることをしっかり認識する必要があるでしょう。このことが理解できれば、園長、施設長自身が ICT に対する苦手意識があり、未導入だったり活用を進められていない園も、その必要性に気づくことができると思います。

　ICT 化に代表される事務作業の軽減は、保育者の負担軽減のみを目指すものではなく、事務作業軽減により生じた時間を子どものために使用するという子どものためであることをしっかり認識しておくことが重要です。

（佐藤和順）

1-1 勤務スタイルと生活スタイルの両立を目指して

社会福祉法人 はなぞの会　丹波島こども園・ころぽっくる保育園 (長野県)

　私は、長野市で2園を運営する法人で園長を務めております。

　私が勤める法人では、ともに仕事をしていた保育者が、保育者としての責務に疲弊したり、生活スタイル、結婚・出産・介護・就労形態・身体の負担などの変化により退職してしまうことで、保育の質の確保や業務が進行しづらくなってきました。年度ごとの離職者の補充ができない危機感に、根本的な原因の打開策を考えるべく、働き方の改革を実施したのです。

保育を志す思いを維持・向上するために
── 個々の生活スタイルに合わせた勤務体制

◆ 両立支援に配慮した改革を目指して

　保育者は、希望をもってこの職業に進んできた方が多いのではないでしょうか。その高いモチベーションで就職しても、現実は子どもたちに愛情を注ぐだけでなく、机に向かって書類や記録等の保育業務をこなしていく日々。やがては体力の衰えを感じ、勤めた当初の志は徐々に低下し、離職する保育者もいます。また、結婚・出産・介護などにより、正規職員の勤務形態では続けていくことが難しくなる保育者もいました。

　そこで、その志を維持・向上することはできないか、仕事の勤務形態に一人ひとりの保育者を合わせるのではなく、個々の生活スタイルに勤務形態を合わせた両立支援に配慮した改革ができれば離職者が減るのではないかと考えました。

　昨今、労働力人口が減少し、保育者になる人財も減少している時代になっています。そのような中で、人財を確保しながら保育者の生産性を維持・向上し、地域社会が求める園をどのように経営していかなければいけないかと考えました。

◆ 保育者の意識を変える

　最初に考えたのは、保育者の意識をどのようにすれば変えることができるのかでした。そこで、理事長から保育者に、働くことの大義（幸せ、生きる

子どもたちと笑顔で遊ぶ保育者、このほかにも事務的な業務を多く抱えている

人口減の中で、いかに保育者を確保していくか

目的、やりがい、生かされている、社会貢献、価値観）を明確にした話をしてもらいました。その後、保育者間で声を出し合って話をして、共通認識ができるように進めました。

これまで仕事中心に生活設計を行っていた保育者に、私生活と仕事のワーク・ライフ・バランスを考えた、ゆとりある生活を軸にした「視点」をもつように意識してもらいました。それは、プライベートの時間を大切にしながら、仕事を楽しめるような意識に変えていくという視点です。

有給休暇の取得率向上

◆ 休暇を取得しやすくする工夫

高いモチベーションを維持・向上できるように、まずは有給休暇の取得率を上げました。2019（平成31）年4月の「働き方改革を推進するための関係法律の整備に関する法律」の施行に伴い、使用者には「毎年5日の年次有給休暇付与」が義務づけられましたが、以前は冠婚葬祭・体調不良などの時しか取得できなかったり、有給休暇が何日付与されているのかさえも知らな

表1-1　有給休暇表　旧表

届　書

丹波島保育園

| | 年　　　月　　　日　申請 | | 年　　　月　　　日　承認 |

| 所属 | | 園長 | 主任 |
| 氏名 | ㊞ | | |

区分	1 有給休暇　　2 代理休暇　　3 生理休暇　　4 特別休暇(慶弔含)　5 子の看護 6 遅　刻　　7 早　退　　8 私用外出(中抜) 9 欠　勤　　10 （　　　）
期間	年　　　月　　　日 ～ 　年　　　月　　　日　（　　　　）日間
日時	年　月　日 AM/PM　時　分～ AM/PM　年　月　日　時　分（　時間　分）
事由	
連絡先	（不在中の連絡先）

※ 届書は3日前までに上司に承認を得て、事務に提出して下さい。

表1-2　有給休暇表　新表の表

令和２年度　　　　　**届　　　書**　　ころぽっくる保育園

嘱託

所属	氏　名
保育士	

勤続年数	年
前年度繰越	
本年度有給	日
勤務時間	8：30～17：00

	月　日	日　数	届出理由※	備　考	承認印
1					
2					
3					
4					
5					
6					

	月　日	日　数	届出理由※	備　考	承認印
16					
17					
18					
19					
20					
21					

表1-3　有給休暇表　新表の裏

時間休み（早退、遅刻、中抜け）申請　　　　所定労働時間 7.5時間

	月　日	理由	申請時間	時間/分　（H）	合計（H）	承認印
1						
2						
3						
4						
5						
6						
7						
8						
9						
10						
11						
12						
13						
14						
15						

い保育者がいました。

　初年度は、就業規則を再確認し、有給休暇取得率50％という目標からスタートすることにしました。単に有給休暇をとりましょうといっても、「ほかの職員が休んでないのに、私だけ休めない」などさまざまな配慮で、かえって休みづらい職場にならないように、数値目標を明確にし、実行してみたのです。届出に関しても、様式を変更して出しやすくしました（表1-1 ～ 1-3）。

　しかし、その発表をした後の保育者の第一声が「そんなにお休みをいただいても、家ですることがない」「平日に休んでも、友達が休みではない」などの反応でした。今までの生活習慣や意識を変えることに戸惑いや抵抗を感じる保育者がいたのです。地方に住む保育者は地元の養成校の卒業生が多く、周りにいる友人は同職者の保育者が多いからです。

　そんな現場の声に、管理職の立場から返す言葉もなく「試しにやってみましょう」と説得するだけでした。現場で一生懸命に働く保育者のため、職場環境にとってよいと思うことを推進しようとしているのに、保育者からの喜びではない返答に切ない思いをしました。

◆　管理職が率先して働き方を変える

　そこで、制度だけを変えるのではなく、管理職である私たち自身が働き方に対する意識や行動を実際に変えていく姿を示しました。すなわち、自分を変えることができなければ、保育者を変えることはできないと考えたの

働き方改革により、職員旅行も多くの職員が参加可能となった

です。

　仕事がなかなか終わらないときも、業務に支障が出ないものであれば次の日に行うなど、効率よく業務を進めるように工夫していきました。これは「パーキンソンの法則＊」にあるように、時間があればあるほど仕事をしてしまうからです。つまり、仕事の締め切り日に目標を設定するのではなく、一つひとつの仕事に自らの目標を設定するのです。そして、その時間に対してどれだけ自分の能力を活かせるかです。また、有給休暇願を提出した保育者に対して、明るい雰囲気で対応するように心がけました。

　有給休暇は、計画的に取得できる時もあれば、家族の急な病気・介護等による遅刻や早退などにも使われます。いつでも保育者が安心して有給休暇制度を利用できることにより、保育者の家族も安心して生活を営めるようになりました。

　これらを目的に、理事長はじめ姉妹園の副園長の心強い賛同を得て支えられながら、進めていきました。年度ごとに取得率の目標を10％上乗せし、数年かけて継続していくうちに、次第に有給休暇を利用して両親や友人と旅行に行ったり、休みを楽しみに取得する保育者が増えてきました。

＊パーキンソンの法則
1958年、イギリスの歴史学者・政治学者シリル・ノースコート・パーキンソンの著作『パーキンソンの法則：進歩の追求』で提唱された「仕事の量は、完成するために与えられた時間をすべて満たすまで膨張する」という法則。

◆ 正規・嘱託職員の有給休暇取得率.80％を実現

　定着してくると、保育者も計画的に有給休暇をとるようになり、週末と有給休暇1日の3日間だけだと長期旅行ができず利用しづらいなどと、保育者から声があがるようになりました。そこで、勤務年数で有給休暇が付与される日数に応じて連続して取得できる有給休暇（リフレッシュ休暇）がとれるように仕組みをつくりました。

　現在は、正規・嘱託職員が取得率80％を達成しています。取得率を100％にしないのは、職種柄感染症などによる欠勤もあり、安心して休むことができるように有給休暇を残しておくためです。取得率100％の保育者もいますが、一人ひとりの保育者のワーク・ライフ・バランスに合わせて自己判断できるようにしています。誰でもいつでも、それぞれが受け持っている仕事に支障が出ないように声をかけ合いながら『お互いさま』の気持ちで尊重し合い、有給休暇を取得してもらっています。

　80％取得が達成できた理由の一つには、最低基準を上回る人数の保育者を配置するために、パートの代替職員を雇用していることがあります。また、

日常の遊びの延長としての行事

園児の途中入所に対応できるよう、年度当初は乳児クラスの定員に空きがあるため、未配置の保育者がいるので業務にゆとりがあります。行事前・年度末等に休暇が重なると、運営に影響が出ることを予測し、年度始めに保育者から希望を募り、計画的にリフレッシュ休暇の時期を調整しています。

保育の質・水準を維持・向上するために

◆ 働き方から保育の見直しへ

園での働き方改革の実施から現在まで 11 年が経過しました。実際に私生活と仕事を通して改めて生活設計を見直し、ワーク・ライフ・バランスを実現できるようになりました。また、クオリティ・オブ・ライフ（生活の質）が充実することにより、心と身体にゆとりができ、モチベーションを向上しつつ、保育の質や水準を落とさずに、どのように業務を改善すべきかを保育者で話し合うようになりました（表1-4）。

◆ 社会における保育の役割

表1-4の項目の見直しなど、一つひとつの業務内容を洗い出し、取り組んできました。また、保育者の実践と、記録などのデスクワークとのバランスも考慮するようにしました。どちらかに偏っても、子どもに最善の保育を提供するのは難しいと思います。

これは、保育という仕事を自分たちの立場から考えるのではなく、社会全

表 1-4　保育・労務の改善項目

分野	改善項目	内容
保育	仕事内容の見える化	ToDo リストの作成
	書類の IT 化（記入量や回数の見直し）	月案、個人記録、クラスだより、保護者との連絡帳の見直し
	行事の見直し	行事に向けた保育ではなく、日々の保育から行事につなげていく保育カリキュラム
	保護者参加型の保育	参観型から参加型へ
	ICT の導入	登降園システム、緊急時一斉メールシステム、午睡時の呼吸と姿勢チェックシステム
労務	有給休暇取得率の向上	目標取得率 80％ リフレッシュ休暇（勤務年数による連続取得の仕組み）
	No 残業 Day の実施	曜日を決めて実施（ただし行事前は、目標時間による残業申請）
	保育者との面談	管理職、リーダー職による個別面談実施
	育児・介護休業の取得サポート体制づくり	産前産後休業、育児休業、介護休業の取得推奨
	保育者の心身の健康づくり促進	健康診断後等の看護師による面談、理学療法士による講演・実技研修の実施（保育における正しい身体の使い方等） ＜指導協力：一般社団法人　健康労働支援協会＞
	雇用形態の多様化	ライフスタイルを考慮した勤務形態の推奨

体においてどういったものにしていかなければならないのか俯瞰^{ふ かん}して見直した結果だと思います。

　保育者が大切だと思っていることが、本当にサービス提供を受ける子どもや保護者に必要だと認めてもらえているのかどうかを、しっかりとアンケート等で確認してみるべきです（表1-5、1-6）。アンケートの結果をもとに、不必要なことを減らす作業を行いますが、これまで培った保育の業務を単に減らすという視点ではなく、理念や今まで大切にしていた事を考慮しながら、絶え間なく整理し続けていくと考えたほうが適切かもしれません。

◆ 保育者の希望する勤務形態を職場に当てはめる

　また、保育者の勤務形態を一人ひとりに合った多様な雇用に変更しました。

　以前は、正規職員で働いていても結婚・出産・介護などにより、そのままの勤務形態では続けることが難しく、退職する保育者がいました。そこで、保育者のワーク・ライフ・バランスに合った勤務形態に変更できるようにしました。ここで配慮する点は、その保育者に一方的な不利益とならないよう、園と保育者が納得した労働条件にすることです。

　保育者が職場に合わせるという今までのような勤務形態から、保育者の希望する勤務形態を職場に当てはめていくという逆の発想に変えました。

　正規職員で育児休業明けの場合、子どもがある程度大きくなるまで、早朝や夕方、行事の係分担などの負担を軽減するような体制をつくりました。嘱託職員は、基本的な勤務形態のほかに個別に相談して決めています。これらは園にとって、正規職員の勤務形態で働く保育者の割合が減り、行事等の保育がしづらくなる面もあります。しかし、保育者が出産から育児を経験して園に戻ってくることで、異なった視点で保育をとらえ、保育の質を高めてくれます。さらに、園の行事等を行ってきた経験が蓄積されているので、復帰後すぐに新人職員へのサポートや保護者対応などを円滑に進められます。

　このように、身近に多様な働き方があることで、保育者は将来の自分のキャリア形成をデザインしやすくなり、安定した人生の歩みができます。

表 1-5　運動会と劇発表会のアンケート用紙

保護者各位　　　　　　　　　　　　　　　　　　　　　　令和2年10月2日

第41回 Family 運動会　振り返り

丹波島こども園

※締切…10月7日（水）

　当日は、公園の広いグランドで、子ども達の成長した姿や友達と頑張る姿から皆様の思い出に残る運動会になったのではないでしょうか。天候不順による延期やコロナウィルスの対応等でご不便をお掛けしたり、早朝からの準備のお手伝い、後片付け等、沢山のご理解・ご協力をありがとうございました。

クラス：ちゅ・ひ・すず・ば　　園児名：　　　　　　・

＜ 5：とても良い　4：良い　3：普通　2：改善　1：要改善 ＞

1．お子様の様子はいかがでしたか
　　□5　　□4　　□3　　□2　　□1

2．競技内容はどうでしたか（各年齢の競技）
　　□5　　□4　　□3　　□2　　□1

3．その他、全体を通しての感想がありましたらお書きください

4．「with コロナ」の生活様式に変わった中で、子育てで悩んでいる事、困っている事はありますか

ご協力ありがとうございました。来年度の参考にさせて頂きます。

表 1-6

保護者各位　　　　　　　　　　　　　　　　　　　　　　令和2年12月1日

第41回 赤い屋根発表会　振り返り

丹波島こども園

※締切…12月7日（月）

　今年の発表会は「はじまるよ！たんばじまシネマ！」をテーマに、コロナウィルス感染症対策として様々な制限がある中でも、子ども達が伸び伸びと表現活動ができたこと嬉しく思います。保護者の皆様にも運動会同様、様々な面でのご理解・ご協力を頂きましてありがとうございました。

クラス： ひ・すず・ば　　園児名：　　　　　　・

＜ 5：とても良い　4：良い　3：普通　2：改善　1：要改善 ＞

1．お子様の発表は、いかがでしたか。　　□5　　□4　　□3　　□2　　□1

2．発表会を通して、お子様の様子で
　　　何か発見や変化はありましたか。　　□5　　□4　　□3　　□2　　□1

3．会場や環境はいかがでしたか。　　　　□5　　□4　　□3　　□2　　□1

4．その他、全体を通しての感想や、お子様の様子で気になることがありましたらお書きください

ご協力ありがとうございました。

まずは管理職が手本を示す

◆ 謙遜な姿勢で感謝の心をもつ

　私たちが行ってきた改革のいくつかを挙げましたが、園長だけの思いや考えで実行できることではなく、ほかの管理職とともに進めることができたからこそ、2か所の園を同時に改革できたと思います。

　理解を得ながら改革できた部分もあれば、半ば強引に進めた改革もあったでしょう。しかし、お互いを信じ進められたからこその結果だと思います。気をつけなければならないのは、保育者のためにという思いが強すぎて、自我が強くなり傲慢や自己中心的にならないように、いつでも謙遜な姿勢で感謝の心をもつことです。そうすれば保育者間の調和が保たれ、よりよい職場環境につながります。

　今求められているのは『子どもの主体性』を大事にする保育です。子どもに主体性を伝える保育者自身も、主体的に改革を行う必要があります。一番先頭に立っている管理職こそが、原則に基づいた中で主体性をもった園に改革する覚悟をもち、その姿勢を見せていくことが大切だと思います。

　時には失敗することもありますが、失敗を失敗だと思わずに挑戦する姿を見せることで、保育者も繰り返して挑戦する習慣が身につきます。園の改革を望むならば、園の運営に携わる全保育者が同じ目的に向かう必要があります。

子どもの主体性を大切にする保育

◆ アフター・コロナの働き方の模索

　コロナ禍の中、改めて園の社会的な役割が問われています。この時代だからこそ、どのような働き方をしていくのか考える機会です。日本の労働力人口は減少してきています。それに伴い、いかに仕事の効率化が図れるか。子どもに実際にふれて保育をすることは保育者にしかできませんが、その他の部分でいかにICTを取り入れられるかが重要です。

　今後、新型コロナウイルスの感染が消息しても、次なる感染症が発生するかもしれません。その時がきても対応できるよう、園の体制を整える必要があります。保育の職場でもリモートワークでできる仕事があるのではないか、リモートワークが1、2時間でも可能ならば、働き方が変わるのではないかと思い、当園は挑戦しています（表1-7）。

　保育者の意識が変われば、保育や業務内容についてさまざまなアイデアが出てきます。その具体的な仕組みが、「1人2改善の提案表」（表1-8）です。

　例えば、「1週間で替わる勤務シフトが月曜日始まりだと体力的に厳しく、水曜日始まりに変更したほうが、間に休日が入り体力的な負担が軽減するので改善してほしい」などのアイデアがありました。それらの提案一つひとつを丁寧に保育者間で確かめて創意工夫し、改善していく必要があります。まずは実行してみて、定着するのであれば、自らの職場によいことであり、定着しなければ園には合っていないと判断し進めてきました。

　保育者からの提案が整えられるまでには時間が必要です。保育者の理解度に差があり、バランスを配慮しながら進めないと、保育者の足並みがそろわずに、園児や保護者に影響を及ぼします。改革は成果が速いときもあれば、遅いときもあります。改革の成果が実る時がくるまで、あせらずに努力することが大切です。

園が目指す理念を大切にする

◆ 最初の困難や試練を越える先にあるもの

　改革を始めるにあたって、新しい風がさわやかで心地よいと感じることばかりでなく、最初は困難や試練も訪れます。保育者と話し合って決めた事項であっても、いざ行うと難しいことがありました。

　例えば、No残業Dayになっている日に、保育者が業務外の話をしてなか

なか退勤しないことがありました。頭では理解していても、意識して行動に移すには時間がかかります。これは必ず越えられる壁です。振り返れば、園にとって必要な壁だったと思うことができます。それを恐れずに続け、子どもや保護者、保育者の最善の利益をもとに協力し、実行していけば、希望へと変わります。

　よりよい園となることを願って進むことで、園は必ず変わります。一人ひとりの意識が変われば、職場も園も明るくなります。そうすれば、保護者も私たち保育者に話をしに来たり要望を伝えてくれます。

◆ 法人理念・保育理念を大切に

　気をつけたいのは、保育の原点である法人理念・保育理念を大切にしてほしいということです。その理念のもとに、職場のよい点や改善すべき点を保育者間で話し合い、あるべき職場のビジョンを構築していく必要がありま

表 1-7　職員アンケート

職種別テレワークアンケート

　先生方、お疲れ様です。進級・卒園に向けてまとめの時期となりましたが、引き続き感染症対応をとりながらの保育等、いつもありがとうございます。
　With コロナの中で、様々な企業が取り組んでいる "テレワーク" を使った働き方を、園としても今後取り入れていく方向性を考えています。そこで、テレワークとして各家庭に持ち帰って出来る仕事を挙げて頂きたいと思います。ご協力よろしくお願いします。

・所属園：　□ 丹波島こども園　　　□ ころぼっくる保育園
・職　種：　□ 保育士　　　□ 栄養士　　　□ 看護師　　　□ 事務　　　氏 名：_____

4月	5月	6月
例）仕事内容 → ①所要時間・②配慮点（個人情報等）③持ち帰る方法（データ・紙面等）		

1月	2月	3月
上記以外の　仕事内容		

※〆切：2月12日（金）までに　主任まで提出

40

表1-8　1人2改善の提案表

令和2年度		令和2年4月24日　丹波島こども園・ころぽっくる保育園

○「1人2改善」提案しよう！　　職種：保育士・栄養士・事務・看護師　氏名：

・ねらい：職員の仕事の改善や、園児及び保護者の最善の利益につなげる

改善案	例）保　育：保育書類の電子化（月案をデータとして管理する） 　　　その他：全職員で園舎内の掃除分担を行う	
	保　育	
	その他	

どうしてこの案を挙げたのか	この案によってどこが改善され、利便性の向上につながるのか	自分なりの改善策 （具体的にどう改善したらよいか）
例）保：毎年、前年度の月案を基本に作成している為、データ化することで作成時間にあてていた時間が有効に使えると思った為 　他：担当の保育室だけでなく、園舎内にも目を向け、子ども達が生活する場をみんなできれいにする意識が持てるようにする為	例）保：月案作成に費やしていた時間をクラスの話し合いの時間として使い、より子ども達の姿に合った月案になる 　他：1人ひとりが時間を掛けて掃除していた場所も、短時間で園舎全体がきれいになる	例）保：前年度の月案をデータ化し、その月の子ども達の姿から、内容や活動、配慮事項を書き換えていく 　他：園舎内の掃除箇所をピックアップし、全職員が掃除分担を週単位で替わりながら行う（時間は10分程度）
保　育		
その他		
日々の保育 の疑問点	※できるだけ具体的に記入	

締切：11月13日（金）までに　主任まで提出

す。その姿を目指して改革していけば、その思いが保育者を中心に、子どもや保護者・地域住民へと伝わります。

　私たちの使命は、子どもに最善の利益を提供する乳幼児保育・教育をすることであり、私たちの立場に比重をおいた運営ではありません。時には私たちの思いや時間が犠牲になることもありますが、使命を貫くのは、子どもや保護者を支えたいという思いではないでしょうか。その思いがこれからの日本を担う子どもたちを育て、社会で輝いて働いている保護者を支援することになります。

　皆さんの園がそれぞれの地域で輝ける場であり、子ども、保護者、地域の方々と愛し愛される関係になってほしいと願っています。

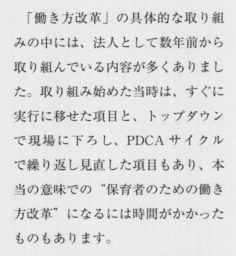

保育者の働く姿や声から
取り組んだ働き方改革

田中　真
（丹波島こども園　副園長、勤続 20 年）

　「働き方改革」の具体的な取り組みの中には、法人として数年前から取り組んでいる内容が多くありました。取り組み始めた当時は、すぐに実行に移せた項目と、トップダウンで現場に下ろし、PDCA サイクルで繰り返し見直した項目もあり、本当の意味での"保育者のための働き方改革"になるには時間がかかったものもあります。

　しかし、社会の流れを受けた改革ではなく、保育者の働く姿や声から一つひとつの改革を進めてきたことは、保育者に浸透しやすく、共通理解につながったと確信しています。それが"よりよい保育実践""保育の質の向上"につながっていると思います。

　計画的な有給休暇の取得や長時間勤務の削減、保育者の家庭状況に応じた勤務形態を保育者が活用し、実践して「いいかもしれない！」という成果になるには 1 年という期間がかかりました。それでも働き方改革を進めるうえで必要な「主体的なコミュニケーション」「お互いさま」といった相手への気遣い、心遣い、感謝の気持ちが芽生え、自然に園児、保護者、保育者同士のかかわりの中に表れていることに気づかされました。

　今後、時間の経過とともに、現状の働き方改革が「当たり前」になってしまう時があると思います。その都度、現場で子どもや保護者にかかわる保育者の働く姿や声から、"誰のための"改革かを試行錯誤しながら、理事長、園長とともに進めていきたいと思います。■

♥ 保育者の声

「お互いさま」の気持ちで
相手を思いやる

矢野嘉大
(ころぽっくる保育園　主任、勤続 8 年)

　当園に勤め始めた 8 年前は、すでに園で働き方改革が進んでいる時期でした。月案、週案が IT 化され、リフレッシュ休暇の取得も始まっていて、私自身リフレッシュ休暇を使って長期の旅行に行くことができました。

　リフレッシュ休暇で体験したことなどを園の子どもたちに伝えることで保育の幅も広がり、よりよい保育につながっていると感じます。また、家庭の都合や自分の子どもが通う園の行事で休暇をとる際にも、快く承諾してもらえることは、仕事とプライベートの両立の面からも、働きやすさを感じます。

　有給休暇の取得率向上で大切なのは、使う保育者の気持ちだと思います。最初はありがたく思っていたことでも、当たり前になってしまうと当初の思いは薄れてしまいます。休暇はとれることが当たり前と思って取得するのではなく、休暇を取得できる環境や代替職員がいることに感謝の気持ちを忘れてはいけません。「お互いさま」の気持ちで相手を思いやることが、自分自身の働きやすさにつながります。それが、働き方改革の最も大切なことです。

　理事長、園長をはじめ、先輩保育者の理念や保育への思いを今の保育者に伝えていくことが私の役目だと思います。また、現場の保育者の声も拾い上げ、全体の問題として一緒に考えていき保育の質の向上に努めていきます。今までに経験したことのないコロナ禍で、本当に必要なものは何なのか自問しながら、子どものための改革になるように心掛けていきたいと思います。■

I-2 ノンコンタクトタイムを改善し、子どもとかかわる時間を増やす

社会福祉法人徳丸福祉会　餅ヶ浜保育園（大分県）

　保育者の労務環境を考える際、その前提として、それぞれの業務が何を目的にしているのかなどの定義を共有することで、必要な仕事とそうでない仕事の共通理解を図ることができます。餅ヶ浜保育園では、子どもとかかわる時間を増やすために、業務の整理・効率化を図り、環境改善につなげてきました。

保育者の思いを共有する

◆ 自己犠牲を伴いやすい保育者という仕事

　私はホテルの支配人およびITスーパーバイザーとして民間企業に勤務した後、事業承継のために当園に勤務することになりました。ホテルマン時代は数値目標があり、目標に向かって創意工夫することが当たり前だったので、保育園でも、保育者が同じ目標をもてば、各自のよさを出すことができるのではないかと考えました。

　保育現場で働いてみると、保育という仕事が一人の人間の大切な幼児期を担う、とても尊く、重要な仕事であることを再認識したのです。ホテルと保育園は同じホスピタリティが大切な仕事ですが、自己犠牲を伴い、ともすればやりすぎ、燃え尽きにつながります。だからこそ、このホスピタリティをよい方向に向けるために自分に何ができるのかを考えたのです。

◆ 価値観をそろえる

　同じ目標をもつと書きましたが、そのためにはまず、価値観をそろえることが不可欠です。一つひとつの仕事に対するとらえ方がバラバラでは、同じ目標をもつことができません。ですから、一つひとつの仕事について、目的や目標を定める「定義づけ」を行うことにしました。

　目標、ある場面では価値観といえると思いますが、価値観がそろえば自ら主体的に動くことができ、同僚と思いを共有することにもつながります。

◆ 保育者の声を聞く──アンケートの実施

　最初に行ったのは、保育者へのアンケート調査です。各自が仕事をどのようにとらえているのか、またどの業務を負担に感じているのかがわかれば、改善の糸口がみえると考えました。

　アンケートの結果、保育者が負担に感じているのは「行事」「掃除」「書類業務」であることがわかりました。行事や書類作成はどの園でも負担に感じる保育者が多いと思いますが、掃除については、午睡の時間に全保育者が担当していたので、当然といえます。今後、保育者が人材不足になる際に選ばれる園、定年まで働き続けられる園になるためにも、こうした課題はすぐに解決しなければならないと感じ、環境の改善に着手しました。

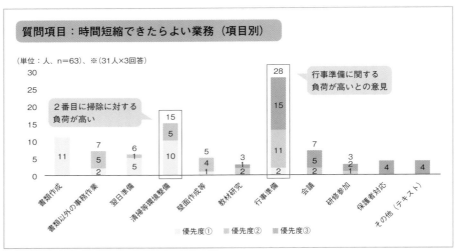

図 1-1　保育者へのアンケート調査の結果

業務の効率化①掃除の意識改革

◆ 曜日と時間を限定する

　前述のとおり、保育者に大きな負担となっていた掃除業務。午睡の時間に全保育者で園外の掃除を行うのが慣例として受け継がれていて、次第に役割分担や範囲もあいまいになっていました。

　そこで、実施日を週2日（火・木曜日）とし、さらに範囲を駐車場と外周に限定しました。併せて、時間もあいまいだったため、長くても30分以内に終わらせるよう、掃除の「定義づけ」を行ったのです。保育者としてのホスピタリティから、掃除の時間以外にも落ち葉や花びら拾いを積極的に行われていましたが、それらは保育の活動に位置づけて子どもたちと一緒に行うことにしました。

◆ 効果

　アンケートを踏まえた改善の前と後の掃除の時間を図1-2に示します。1日あたり職員27人で690分を費やしていた掃除が、430分に減少。1日260分、1人あたり10分程度の時間を創出することにつながりました。空いた時間を有意義に活用できるようになったこともありますが、清掃に過敏になっていた保育者の心理的負担が軽減できたことが大きいと考えています。

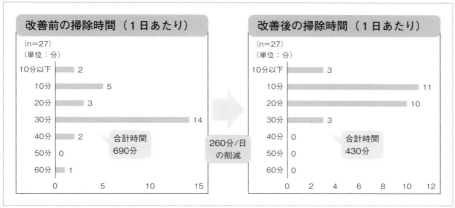

図 1-2　掃除改善の効果（アンケート結果より）

業務の効率化②休憩の定義づけ

◆ 午睡イコール休憩時間という意識

　次に行ったのが、休憩の改革です。それまで、保育者は午睡の時間に掃除がてら休憩をとっていて、おおよそ30分程度取得できればよかったのが現実でした。これまで自園では「休憩」という概念すらなく、これを問題ととらえていなかったのです。

　そこで休憩の時間を13時30分から14時30分と定め、その時間は代替のスタッフに子どもたちをみてもらい、休憩時間の使い方は自由としました。

◆ 反応と効果

　これまで銀行に行ったりするために半日休みをとっていたのが、休憩時間に行けるようになったなど、好意的な意見が聞かれる一方、長年染みついた習慣のため、休憩時間をもて余す保育者もいて、効果は限定的ですが、アンケートを見る限り、ポジティブにとらえている職員が大半です（図1-3）。

業務の効率化③ LINE を使った情報共有

◆ 伝言ゲームの落とし穴

　保育現場のよさの一つに、人の手によるかかわりが挙げられると思います。子どもとのかかわりでは大切ですが、業務、特に情報の共有に関しては

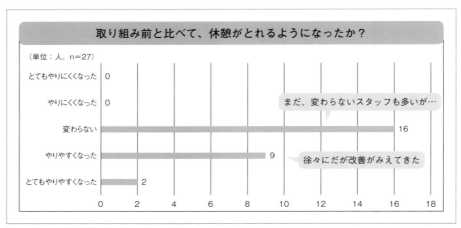

図 1-3　休憩時間の定義づけの効果（アンケート結果より）

マイナスな点があります。人づてによる情報の伝達は伝言ゲームの様相を呈し、得てして情報が正確に伝わらないものです。そこで、LINE を使った情報の伝達・共有を取り入れることにしました。

　現在は、保育者一人ひとりが携帯電話をもつ時代です。LINE のアプリケーションについても、ほぼ全保育者が使っていましたので、導入に対する抵抗感はありませんでした。ICT を導入するとネガティブな反応も予想されますが、このように日常的に使っているものを利用することで体感的に理解できるのもポイントだと思います。

◆ 情報共有の効果

　情報の伝達に使うことで、「聞いていない」ことがなくなりました。また、会議や打ち合わせを待つことなく共有できる利点もあるので、時間の無駄が削減できたと感じています。

　LINE 等の ICT が活用できる土台として設備も整えました。全館に Wi-Fi の設置とデータの共有設定を行い、保育者に 1 台ずつノート型パソコンを支給することで、フリーアドレス化も可能になりました。現在では、自分の空いた時間に、どこでも記録や事務作業をパソコンで行うことができます。事務室にしかパソコンがなく、しかも事務職が専有している園もあると聞きますが、記録の共有化・ICT 化には保育者が自由に使える環境が不可欠だと実感しています。

保育への還元

◆ 研修に対する意識改革

　ノンコンタクトタイムの定義づけと保育者の意識改革により、保育者に生まれた時間的余裕は、保育者の積極的な姿勢につながり、研修への参加意欲、保育の質の向上の追求に結びついていると感じています。今までの研修は、外部研修に参加した数名の保育者が園内研修で講師を務め、情報を共有するというやり方でした。しかし、1日ないしは2、3日の研修内容をわずか1時間の内部研修ですべて共有・理解するのは困難です。そこで、参加する保育者数をどのように増やすのかを考えました。

　最近こそコロナ禍の折、WEBによる学会や研修会が数多く開催されていますが、以前から動画による情報の配信は行われていました。オンライン情報を多くの保育者が見ることは、同じ主観的印象をもったうえで語り合うことになります。しかし、同じ動画を見ても一人ひとり着眼点が異なるので、さまざまな着眼点を知ることで、自身の保育に対する学びとなります。

　保育者の反応としても、空いた時間に見られるのでおおむね好印象です。

◆ 保育実践への還元

　働き方改革が保育にもたらす効果としては、保育者の意識改革によるものと、組織としての還元があります。前者は、ノンコンタクトタイムの創出・構成により、保育者同士の雑談の機会が増え、コミュニケーションがとれるようになったことが大きいです。併せて、最近は保育場面を動画で撮影（週1回程度）し、保護者とWEB上で共有することも行っています。保護者からは、製作物のプロセスがわかるなど、ポジティブな評価をいただいています。

　また、声かけやかかわりが動画として残ることで、自分自身の保育を客観的にとらえることができ、改善への気づきにつながっています。

　後者の組織としての還元は、物品の設備を入れ替える際の定義づけを行い、絵本や遊具などボロボロになるまで使うのではなく、一定の状態になったら入れ替えることを始めています。

　今後は、ICTを活用したSIDS（乳幼児突然死症候群）対策、ノンコンタクトタイムの場所の確保、外部機関との連携など、保育の質の向上のみならず、保育者が働き続けたい園を追求していきたいと思います。■

職員同士の
思いやりが育まれる

相澤玲子
(保育士、勤務 12 年)

以前は行事が多く、その準備のために、午睡の時間や保育の後に残業して作業を行っていました。同様に、掃除についても、大切ではありますが、毎日となると、夏の暑い日に外に出て掃除をすることもあり、身体的にはきつかったですね。こうした業務的なものは、保育者皆で改善してきたこともあり、今では「しなければならない」と構えずに、できるときに協力しながら行うようになりました。

休憩についても、あまり意識したことがありませんでしたが、きちんと定義づけられたことで、実際には時間どおりにはとれなくても、保育者同士協力しながら休むように、互いに思いやる雰囲気が出来上がってきたと思います。

また、業務改善のための ICT の活用は、保育の質を高めることにもつながっていると実感します。

例えば LINE などの SNS の活用は、会議などに参加できない保育者も、必要な情報をすぐに見て共有することができますし、保護者との連絡についても、電話による連絡に比べて、園と保護者双方の負担が軽減されています。ただ、子どもの発熱時等、電話で直接聞いたほうがよい場合もありますので、SNS も使い分けが肝心ではないでしょうか。

加えて、コロナ禍でなかなか外部研修に参加できない状況でも、他園の実践や講義を動画で見て勉強することで、逆に講師の図表などがよく見えて理解が深まります。自分のペースに合わせて学ぶこともできますしね。■

💜 **保育者の声**

空いた時間を有効活用

大石あすか
（保育士、勤続 15 年）

　私は当園以外で働いたことがないので、行事や掃除、休憩なども「こんなものか」ととらえていました。それでも、行事の準備は負担に感じていて、行事が減ったことで負担が減ったように感じます。また、一律に減らすのではなく、保育者同士で話し合い、必要な行事は継続させたり、形を変えて行っているので、園が保育者の意見を聞いてくれるという実感があります。

　掃除についても、毎日行うことになってはいましたが、乳児の担任は午睡中に子どもから目が離せないなど、参加できないこともありました。そうすると、ほかの保育者にしわ寄せがきてしまい、悪循環でした。それも、毎日やらなくてもいいことになると、空いた時間に書類整理を行ったり、製作活動の準備をし

たりと、残業でこなしていた業務を就業時間内に終わらせることができるようになりました。今ではほとんど残業はしていませんね。

　空いた時間の活用でいえば、会議に参加できない人にも情報が LINE で送られてくるので、会議で見た動画を空き時間に視聴して、共有したりしています。特に今はコロナ禍で、外部研修に参加するなどして他園の実践を見る機会がないので、大変参考になり、保育の質の向上に役立っていると思います。■

I-3 保育の質を高め、子どもの最善の利益を追求する手段としての ICT

社会福祉法人玉林会　南大分に笑顔咲くえん　わらひ（大分県）

　「業務の ICT 化」── この数年間で何度も耳にした言葉ではありませんか。ネガティブなイメージをもって聞いている方も多いと思います。本項では、保育者採用や労働環境の改善による就業定着、保育の質と保育者のワーク・ライフ・バランス改善のために ICT を利用した当園の事例を、時系列に沿ってお伝えします。

子どもたちとふれあう時間を確保するために

◆ ICTと保育の関係

「ICT」とは情報通信技術を指しますが、その特徴は、情報処理や情報共有がインターネットを通して容易に行えることです。さまざまな団体によるICTに関する意識調査結果を見ると、何となく機械を使うから、保育と対極にあるような気がすると思う人がいるようです。

子どもたちとの温かいふれあいの時間を大切に思う保育者が、その時間をより多く確保できるようICTを利用することは、先人達が大切にしてきた保育の温かみを放棄することではなく、保育の質を低下させる要因とはなりません。仮に質が低下するようであれば、それは間違えた使い方によるもの、もしくは、練度が不足しているのだと思います。

また、パソコンや機械に強くないと実践できないものでもありません。テレビや洗濯機、掃除機など、現在では当たり前のように使われている機械が現れた当初も、以前までの生活スタイルを頑なに変えなかった人は一定数いたのでしょう。例外はあれども、私たち人類は機械を使い日常を効率化して、浮いた時間を自分の大切だと思うことに充ててきたという歴史をもっているのです。

◆ 働き方改革に着手した背景

当園が働き方改革に着手したきっかけは、幼い頃から保育者に憧れて、その夢を叶えた卒園児が、業務の大変さから保育の仕事をあきらめてしまったことでした。夢と現実のギャップという言葉で簡単に語られることの多い事象ですが、長い年月をかけて抱いてきた憧れを壊してしまったという現実は、園長である私にとって簡単に語ってよいものではありませんでした。

さらに当時は、新卒の採用を7年間行っておらず、実習生からも選ばれていない状態でした。これでは、私たち保育者が最も大切にしなければならない子どもの最善の利益を保障することが叶わないのはおろか、残った保育者も辞めてしまうのは時間の問題でした。

保育を変える4つの改革

◆ 改革① 現状把握とグランドデザインの作成

　まずは、保育者からの聞き取りを通して負担感の原因を把握することに努めましたが、ここで日常の業務に対する不満にも似た課題が噴出しました。やりがいのある仕事だから仕方がないと言い切ることもできましたし、個人の能力不足ではないのかという疑問もありました。けれども、やりがいを感じるのはあくまでも当事者であって、他人が強要するものではないと自分に言い聞かせ、課題解消に向けた取り組みを始めることにしました。

　そこで見えてきた負担感の原因と考えられるのは、大きく分けて次の2つでした。

・　やらなければならないことが多すぎて、気の休まる暇がない。
・　ほかのクラスをきちんと把握できていないので、自分の保育が正しいかわからない。

　ここで気づいたのは、保育の現場で働く人は子どもたちとの温かい時間に幸せを感じる傾向にあるため、身体的負担の軽減よりも、付随する精神的な負担を軽減することが求められているらしいということです。

◆ 改革② 仕事の見える化

　現状の把握から見えてきた課題を解消するための一歩を踏み出すには、自分たちが1日に行っている作業時間、年間行事に費やしている時間を見える化することが必要でした。3歳以上児、3歳未満児担当保育者のプロジェクトチームをつくり、1日の活動を時系列に沿って書き出して、日常業務のどこに時間を割いているのかを振り返りました。これは、一つひとつの作業に込められた想いを再確認する作業でもあります。歴史とともに意義が薄れつつありますが、伝統として定着している園の文化があることや、それに疑問を抱きながらも時間を割いていることもみえてきました。込められた願いや想いを再確認して、より意味のある仕事に変えていくという知恵も獲得することができました。効率化できるものとしなくてよいものが具体的にみえてきたといえます。

　勤務時間中に仕事が完結する、あるいは忘れたいときに仕事のことを忘れられて、いつでも思い出せる状態にしておくことができれば、自ずと課題は

外部講師を交えた園内研修

解決に向かうのではないかと考えるきっかけにもなりました。勤務中に、ある程度の緊張感があるのは質を担保するために必要といえますが、問題はそれが帰宅後もずっと続くことです。

◆ 改革③　未来図の共有

　現状把握を行い課題の分析ができれば、必然的に課題を克服する方向、つまり日常業務の改善に舵を切ることになります。この時点で、私は ICT による業務の効率化を考えていましたが、独断で進めていけば少なからず反発はあると予想していました。

　近年、多くの園長と話をする機会がありますが「うちは保育者が今のままでいいと言うから、ICT の導入は検討していない」という言葉をたびたび耳にします。その背景には、現在の仕事で手いっぱいで、新しいことを覚える余裕がない様子が窺えます。しかし、それを乗り越えた先にしか改革はなく、現状が劇的に変わることなどありません。

　そこで、変化の先にある未来の話、取り組みのゴールイメージとグランドデザインを保育者と共有することから始めました。例えば、全国各地で開催される研修に保育者数名で積極的に参加して、保育を学び、研修後の開放的

な環境で理想の保育、職場環境、ライフスタイルについてたくさん話をしました。そこで「一生働きたいと言える職場をつくってみない？」と呼びかけていったのです。

その結果、訪れる未来にワクワクする保育者が一人、また一人と増えてきたように思います。自分の力が発揮できる環境をつくりたい。それをみんなが実感して初めて、改善への機運は高まります。

◆ 改革④　原因の追究と具体的な改善策

改革意識の醸成によって土台が築かれ、いよいよ具体的に業務の改善と効率化に着手することになりますが、どのように改善するのかにまでは至っていない状態です。

みんながかかわる改革とはいえ、通常の業務に手いっぱいである保育者に丸投げはできないと考えました。まずは園長である私が主導して、ICTによる効率化も含めて次のような具体策を提示することにしたのです。

チームで保育に当たる意識をもつ

クラス担任だけが子どもの状況を把握している環境から、保育者全員が子どもの状況およびクラスの状況を把握できる環境に変化させることで、一人

ミーティングの様子

に大きな負担をかけず、チームの力が最大限に発揮されると考えました。

　長年染み付いてきたマインドセットを変えるのは非常に難しいといえますが、その先の未来が具体的に見えていたからか、ベテランの保育者も積極的に賛同してくれました。そのことからも、ICT を導入する前に意識の改革から入ることが大切だと実感しています。またこのタイミングで、日常の保育や行事のあり方についても話し合い、伝統に縛られずに子どもの主体性が発揮される環境に再構築させていくことも確認しました。

共有カレンダーの導入

　保育者全員の個人的なスマートフォンに共有カレンダーアプリをインストールしてもらい、プライベートでも仕事のスケジュールをいつでも誰でも閲覧・投稿できる状態にすることを提案しました。そうすることで、計画的

共有カレンダー

に作業を進めることが容易になり、いつも何かに追われているという精神的な負担が軽減されました。いつでも思い出すことができる状態をつくれるので、気持ちよく忘れることができるのです。

　誤解を招かないように付け加えますが、各クラスに配置した端末にも同じアプリでカレンダーが共有されているので、散歩中以外に個人の携帯を保育中に触ることはありません。

　これは本当に単純な仕組みなので、ICT に抵抗がある人でも簡単に始められます。事務室のスケジュールボードがいつでもどこでも見られ、書き込めるというイメージです。

指導計画と連絡帳の電子化

　現在ではさまざまな企業が、連絡帳機能をもつ非常に使いやすいアプリを開発しています。各クラスがその日に何をして過ごしたのか、園児の出欠席の状況も一目でわかるため、保護者と園だけではなく、保育者同士の情報共有にも使えて非常に重宝しています。

　加えて、お昼寝の時間に担任が必死で一人ひとりの連絡帳に手書きをしていた頃と比較して、写真を添えて保護者と共有できるので、情報量が増えたにもかかわらず、1 日 40 分もの時間短縮に成功しました。

　一方、指導計画システムは、自分たちが使いたいように枠組みを整えるのが非常に煩雑ではありましたが、子ども一人ひとりの成長が以前よりも把握できるようになったうえ、手書きに比べて記入に要する時間が大幅に削減さ

連絡帳に使用する写真を撮っている保育者

保育の様子もスマートフォンなどで一目瞭然

保護者との連絡も SNS を活用することでスムーズになった

れ、計画の立案に時間が割けるようになりました。

　温かみを伝えるために手書きにこだわったほうがよいというアドバイスもありますが、当園では連絡帳やシステムを使用して空いた時間を、子どもと

お昼寝センサーを見る保育者

の温かいかかわりの時間に振り替えることを選択しました。

お昼寝センサーの導入

　お昼寝の際の見守りは大変重要ですが、かかわる保育者のパフォーマンスは一定ではありません。お昼寝中の事故がもたらす結果を想像すると、常に高いパフォーマンスが求められ、ほかの作業をしながら行うには精神的な負担が大きいと考えられます。

　そこで、機械の力を借りることで負担を多少なりとも減らすことができると考え、導入に踏み切りました。金銭的な負担は増加しますが、大切な子どもの命を守るための投資、保育者の定着効果への投資といえます。採用にかかるコスト等と差し引きして考えれば、費用対効果のよい投資といえるのではないでしょうか。

社内コミュニケーションツールや会議ツールの利用

　最近は新型コロナウイルスの関係でリモートワークが急速に発展したことから、チームワークを効率化させるツールや会議ツールが非常に進化しました。例えば、LINEWORKS や Zoom などです。これらのツールを使えば、園内の状況を簡単に把握することができ、伝達漏れもなくなります。保育の現場だけではなく、さまざまな職種でも使われているので、外部の人を交えたプロジェクトにも使える利点もあります。

スマートスピーカーの配置

　これは試験的に行ったことですが、使用したい音源を CD で保管していると、探し出す時間や保管の手間がかかっていました。スマートスピーカーを

タブレット端末

スマートスピーカー

利用すれば、話しかけるだけで必要な音源をネット上から探して再生してくれるため、保管場所も必要なく、探し出す手間もありません。デバイス間でのビデオ通話機能、天気予報や PM2.5 の情報も得られるなど、今後の展開にも期待できるデバイスです。

休暇・休息取得の推進

　8 時間勤務の場合は 45 分以上の休憩時間取得が義務づけられていますが、現在の公定価格における人件費の基準と保育環境を考えると、簡単ではありません。当園では、保育室に居ながらにして休憩時間としているのが常態化していましたが、休憩なしに集中力は維持できないことや、仕事の質を向上させる趣旨があることを伝え、まず数分からでも保育室から離れてお茶休憩をとることにしました。

　ICT による業務効率化が軌道に乗るにしたがって、この時間を延ばすことに成功しました。コツは休憩時間を固定しないこと、互いに声をかけ合うこと、最低基準人数を各人が把握しておくことでした。今後園舎を建てる際には、子どもの声が少し聞こえづらい休憩室やそれに準ずるものを、設計段階から考えておくことをお勧めします。

　さらに、7 日間連続の有給休暇に「バケーション休暇」と名づけ、年に一度取得するようお願いしました。その期間は仕事を忘れて人生を楽しむ。そこで得た経験を子どもたちに伝えるというのが本休暇の趣旨です。

　有給休暇そのものの性質と反している部分があるかもしれませんが、特別休暇を新設するよりも素早く実行でき、有給休暇取得の促進にも寄与するの

保育室を離れて休憩する保育者

を期待して提案しました。定着した現在では、次回の休暇計画を楽しそうに語ってくれています。つまり、来年もここで働きたいということが伝わってくるのです。

　変化の先の未来にワクワクするためには、保育の質の向上だけではなく、保育者のワーク・ライフ・バランスの向上も頭に入れておく必要があります。年間を通して、新卒・既卒問わず求人への応募が来るようになったのは、このような意識をもつようになったからかもしれません。

◆ ICT 化はゴールではない

　園長が主導して提案したこれらの取り組みは、すぐに保育者だけで運用できるようになりました。これらが当園にもたらしたのは、機械や ICT の知識という単純なものではなく、仕事の質を意識したマネジメント能力や未来志向のポジティブイメージ、チームワークの重要性の再認識だと思います。

　ICT の導入はゴールではありません。その先にある未来をみんなで描くことが最も重要なのです。この瞬間も ICT を使用し、保育の質を高め、子どもの最善の利益を追求しようと日々試行錯誤を重ねている保育者の姿からは、保育の温かみと呼ばれるものを確かに感じ取ることができます。　■

♥ 保育者の声

助け合いの精神が
心身の安定をもたらす

須藤日菜
（主幹保育教諭、勤続8年）

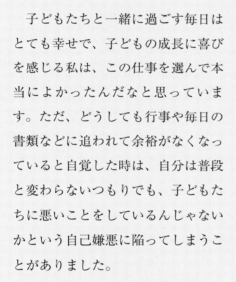

子どもたちと一緒に過ごす毎日はとても幸せで、子どもの成長に喜びを感じる私は、この仕事を選んで本当によかったんだなと思っています。ただ、どうしても行事や毎日の書類などに追われて余裕がなくなっていると自覚した時は、自分は普段と変わらないつもりでも、子どもたちに悪いことをしているんじゃないかという自己嫌悪に陥ってしまうことがありました。

現在の園では、チームで保育をすることで、お互いに助け合おうという理念があります。私以外の先生方にも余裕がなくなる時があるんだと思うと、とても心強いし、自分に余裕がある時は積極的に手助けをしたいと思うことができます。ほかの先生に助けてもらうだけではなく、誰に何といわれても譲れない大好きな

野球観戦を通して心のバランスをとり、自分が納得できる形で仕事に向き合えていることがとても重要なことといえるかもしれません。

この原稿を書いている現在は、あまり自由に外出できずとても悲しいのですが、そんな時期が終われば、先日入籍した大好きな夫と一緒に、球場で声を上げて大好きなホークスを応援したいと思っています。■

質の担保に必要な仕事量を把握する

　保育者をサポートすることは、保育者の負担の軽減を意味しています。働き方改革のためには、保育者一人ひとりの負担、すなわち仕事量を減らすことが必要となってきます。そのための方策は、単純に考えれば、保育者の仕事量そのものを軽減すること、もしくは保育者・保育にかかる人員を増やして一人当たりの仕事の量を減らすことです。本節では、特に保育者・保育にかかる人員を増やして、保育の質を担保しながら保育者の仕事量を軽減している事例を中心に、保育者をサポートする事例を紹介します。

　保育の質を一定程度保つために必要な仕事量がわかれば、保育者の数を増やして一人当たりの仕事量を減らすことができます。例えば、これまで二人で行っていた仕事を三人で行うようにすれば、単純に一人当たりの仕事は減るでしょう。保育者不足といわれる現在では、正規の保育者を一人増員することは難しいかもしれません。しかし、「準社員制度」等に代表されるように、短時間勤務の保育者を雇用することで補うことができます。また、週3日働ける保育者を二人確保すれば、一人のフルタイムの保育者と同等の仕事ができる計算になります。複数の短時間勤務の保育者により、正規職員一人分の仕事を担当するという考え方です。

得意分野を育てるキャリアアップ

　また、人材を増やさずとも「できることをしっかりする、その人でなくてはならない得意とする分野を担ってもらう」という個性や長所が生きる配置や職務分担も、業務効率を改善させることになるでしょう。一通りのことができるジェネラリストを養成することも大切ですが、得意分野をもっているスペシャリストの養成を目指すという考え方も有用だと思います。ピアノが上手、字がきれい、地域の事情に詳しいなど、どのような分野でもかまいません。得意分野を育てるというキャリアアップも、今後重要度が高まります。

　「チーム保育」という言葉に代表されるように、一つのクラスを複数の保育者で担当することは、現在では一般的になってきています。加えて、保育士や幼稚園教諭の資格・免許を有さない人材を活用して保育の質を担保しながら、保育を展開することを考えるのも必要となるでしょう。保育補助者・保育支援者などの活用です。

　例えば、クラスの壁面製作や行事に必要な準備を保育補助者に任せるとい

うような事例です。保育とは関係ない「クリーンスタッフ」制度の導入や、食事の配膳・片づけ、消毒作業など、さまざまな場面で現在保育者が行っている業務を担当する「ママサポ制度」などがよい例です。

　保育の周辺的な業務を担当する者がいることで、保育者はノンコンタクトタイムを確保できたり、保育に集中できることになります。そのためには、保育者間、保育者と保育にかかる者の間のコミュケーションが必要となります。何が必要であるのか、いつまでに必要なのか、また誰がどこまでやるのかについて、保育者間でしっかりと意思の疎通を図ることが必要となるでしょう。

　保育者間のコミュニケーションを機能させるためには、SNSやアプリの使用も参考となる事例です。一堂に会することができなくてもコミュニケーションを図ることができますし、連絡事項や会議録を共有化したり、情報共有にも使用できます。保育現場ではNGということではなく、その特長をうまく保育に取り入れていくことも検討すべき時代です。

保育者の健康維持への配慮

　また、保育者をサポートするという観点からは、ほかの職業と同様に、長時間労働や人間関係の問題からメンタルヘルスが不調になる保育者もいることから、保育者に対して「カウンセラー事業」などにより、カウンセラーと話す時間をとることも、保育者の健康保持、就業継続の観点からも有意味な事例です。各保育者の今悩んでいることや意識していることをカウンセラーが共有することにより、保育者の負担を軽減することも可能です。

　さらに、これまで述べてきたような多様な人材活用による業務の分散化、精神的なサポートのみならず、「保育従事職員宿舎借り上げ支援事業」「奨学金助成支援を通して若い職員を支える体制」なども、直接的に保育者をサポートする事例になります。保育者は子どもを支援する重要な業務を担っているので、各方面からの保育者のサポートが保育者の負担軽減につながり、そのことが保育の質の向上に寄与していくのです。

　多様化する保育ニーズは保育者一人で応えられるものではなく（スーパーマン・スーパーウーマンのような何でもこなせる保育者はそうそういないことでしょう）、年齢もキャリアも性別も、これまでの経験も異なった保育者全員の創意工夫が必要です。すぐれた保育者集団をいかに形成するかが、保育の質の担保には重要です。

（佐藤和順）

多様な働き方の実現へのステップ

社会福祉法人松栄福祉会　羽村まつの木保育園（東京都）

度 東京都女性活躍推進大賞 贈呈式

　定着率は高かったものの、ライフイベントのため働き方を変えざるを得ない保育者が出始め、若い保育者も多くなり、多様な働き方の仕組みづくりが必要となった羽村まつの木保育園。その仕組みづくりを追いながら、保育者のワーク・ライフ・バランスと働き方改革について考えます。

自分らしく働くということ

　保育所という場所は、その多くが女性の保育者で構成され、20歳代から70歳代まで幅広い年齢層の保育者が、同じ志をもって職務にあたっています。多種多様な生活環境の保育者が助け合いながら日々の保育を行っているため、結婚や出産、親の介護などで自身のワーク・ライフ・バランスが保てなくなったとき、一時的に保育のシフトを組み替え、ほかの保育者で補い合うことができます。

　当園では、ワーク・ライフ・バランスやライフイベントに合わせたシフトを組み、一時的にその時期を乗り越え復帰する保育者も多く、働きながら育児や家事との両立を図る保育者が全体の約75%にのぼります。保育者不足が深刻になる中、安定した保育の実現・質の向上・保護者との信頼関係の構築に向け、女性の多様な働き方を認め、居心地のよい職場環境の実現に向けて取り組んでいる事例を紹介します。

3つの改革

　当園は設立当初から園の運営にかかわっている保育者をはじめ、勤続年数が20年、30年の保育者が多く、今まであまり退職者も出ていませんでした。しかしここ数年、ベテラン保育者のライフステージの変化により、退職が続いて若い保育者が増え、子育て世代や独身の保育者が多くなりました。その結果、個々のライフイベントに合わせた多様な働き方の選択が必要になり、職場全体での取り組みが必要と考えたことが、働き方を見直そうと思ったきっかけです。

　そこでまず、行事、休憩時間、掃除の3点について見直すことにしました。この3点を見直した理由は、保育者の年齢が若くなり、子育てをしながらローテーションに入る保育者が増えたことが大きな要因です。いったい、どこが改善されればより働きやすい職場になるのか、実際に現場で意見を出し合いながら改善点を考えました。主には「残業時間の軽減・持ち帰り仕事の削減・リフレッシュ時間の確保」が目的です。

◆ 行事の準備

　行事の準備については、隙間時間に、手の空いている保育者が効率よく行事の準備に取りかかることで、クラス担任の負担軽減や時間外業務の軽減に役立っています。

　担任は、クラス内の行事に向けた準備などの見本を用意することで、フリー保育者に頼むことができます。また、手の空いたパート保育者が担任に代わって、クラスの手づくりおもちゃの作製や壊れたおもちゃ・絵本の修理などを行います。クラスを超えたチームでの取り組みは、特に行事の中心となる年長組担任の精神面のサポートにつながっています。

　家庭をもつ保育者にとっては、自身の子どもの保育所への送迎や学校行事への参加をこなしつつ、行事の準備を進められます。子育て世代の保育者は、クラス担任をもつという選択肢が増え、結果的に保育の質の向上・ほかの保育者の負担軽減につながっていると考えています。

◆ 休憩時間の確保

　休憩時間の確保については、フリーやパートの保育者がクラスに入り、担任の休憩時間を確保しています。乳児クラスでは、お昼寝の途中で起きてしまう子どもがいても、担任はその間、保育の振り返りや書類の整理・保育者同士のコミュニケーションの時間として有効に活用しています。子どもから離れてホッとできる時間をつくることで、担任が新たな気持ちで子どもたちの前に戻れるようにしようという取り組みです。

隙間時間を利用した行事準備

給食室も同様です。以前の園舎には給食職員の休憩室がなく、現場から離れる時間を確保することができませんでした。そこで、園舎の建て替えに伴い、給食職員の意見を取り入れ、独立した休憩室を作りました。食事や休憩はキッチンタイマーを使い、時間どおり取得できるようになりました。また、幼児クラスでは広いホールで2クラス合同の午睡を行い、各クラスが協力して見守り当番を行うなど、担任の休憩時間を確保しています。

苦労している点は、保育者の休みが多い時は人手が足らず、クラス内で順番に休憩を取り合う点です。その際は、乳児・幼児関係なく声をかけ合い、皆で時間をつくる努力が必要だと感じています。

◆ 保育業務以外の負担軽減

保育業務以外の負担軽減について、以前は子どもたちが使用するトイレや共有スペースの掃除を、保育者が時間外に残って行っていました。今でも保育者の掃除当番はありますが、時間外の業務が増えると、家庭に影響が出る保育者も多いため、どうにか業務時間内でできないかと考えました。

そんな時、定年を迎えたパート保育者が今年度より用務全般を引き受けてくれることになり、保育者の時間外掃除の時間が大幅に減りました。そのぶん保育者は、感謝の気持ちを込めて、子どもたちにトイレや共有部分の使い方を丁寧に指導しています。

また、保育者の掃除当番は、更衣室の個人ロッカーに掃除札を貼り、誰が当番か一目でわかるように工夫しています。当番は順番に回していますが、早番や休みで掃除が難しいときは、臨機応変にほかの保育者が交代しています。この際も声かけが大切だと感じています。

◆ パート保育者の協力 ── 個々を尊重したシフト

保育園の運営で欠かせないのが、パート保育者の協力です。クラスの保育補助から行事のサポートまで、ベテランのパート保育者が多くいる当園では、正規職員と同じ役割を果たし、なくてはならない存在です。

大切なパート保育者だからこそ、その力を十分に発揮してもらうため、できる限り個々のニーズに合わせたシフトづくりを心がけています。そのため、シフト表には個人の名前が並び、時間帯も細かく分かれています（表2-1）。パート保育者の中には、個人事業主としてほかの仕事をこなす保育者

表 2-1　実際のシフト表（名前は仮名）。勤務形態は 18 通りにおよびます

令和２年度（２０２１）２月　勤務表																												
日にち	1	2	3	4	5	6	7	8	9	10	11	12	13	14	15	16	17	18	19	20	21	22	23	24	25	26	27	28
曜日	月	火	水	木	金	土	日	月	火	水	木	金	土	日	月	火	水	木	金	土	日	月	火	水	木	金	土	日
行事予定		節分・豆まき		年長クラス懇談会							建国記念日	交通安全指導						乳児検診		メリメロ土曜営業			天皇誕生日		誕生会	職員会議		
大早7:00~1:30	田中	三枝	庄野	武藤	水川	①今野		生垣	吉野	山中	高井	①松村			中村	松村	原口	奥品	佐川	①庄野		今野		江頭	田中	三枝	①生垣	
大早7:00~3:40	高井	原口	奥品	今野	佐川	②吉野		江頭	田中	庄野	武藤	②高井			三枝	山中	水川	生垣	吉野	②浦田		松村		中村	高井	松村	②奥品	
早 7:20~16:00	吉野	松村	吉野	原口	奥品	③川口		水川	庄野	武藤	奥品	③原口			生垣	佐川	今野	江頭	山中	③鴨井		今野		田中	原口	中村	③鈴木	
早 7:40~16:20	原口	中村	高井	吉田	松村	④横川		水川	庄野	武藤								三枝		④常木							④中村	
普 8:50~17:30	三枝	今野	生垣	庄野	武藤			田中	神田	中村	中村				原口	原口	奥品	高井						松村	三枝	今野		
谷川7:50~16:30	谷川	谷川	谷川	谷川	給①			谷川	谷川	谷川	谷川				谷川	谷川	谷川	谷川	給①			谷川		谷川	谷川	谷川	給①	
中早8:00~	鈴木	鈴木	鈴木	鈴木	鈴木	給/木幡		鈴木	鈴木	鈴木	鈴木				鈴木	鈴木	鈴木	鈴木	鈴木	給/野口		鈴木		鈴木	鈴木	鈴木	給/金田	
(早)8:00~16:00/16:40神部	神部	鴨井	神部	川口	神部	給		川口	神部	川口	川口	給			神部	川口	神部	川口	神部	給②		川口		川口	神部	川口	給②	
鴨井8:00~16:40	鴨井	鴨井	水川	鴨井	鴨井			鴨井	鴨井	鴨井	鴨井				鴨井	鴨井	鴨井	鴨井	鴨井			鴨井		鴨井	鴨井	鴨井		
大久保8:00~14:00			大久保	大久保						大久保	大久保		大久保		大久保	大久保	大久保					大久保	大久保					
前園7:50~16:30	前園	前園	前園	前園	前園			前園	前園	前園	前園				前園							前園		前園	前園	前園		
細井9:00~16:00	細井			細井					細井	細井														細井	細井			
遅番 9:20~18:00	川口	神部	川口	神部	川口			神部	川口	神部	神部				川口	神部	川口	神部	川口			神部		神部	川口	神部		
関口14:00~18:30	関口	関口	関口	関口	関口			関口	関口	関口	関口				関口	関口	関口	関口	関口			関口		関口	関口	関口		
常木9:20~18:00	常木	常木	常木	常木	常木	⑤神部		常木	常木	常木	庄野				常木	常木	常木	常木	常木	⑤関口		常木		常木	常木	常木	⑤常木	
遅番9:20~18:00	中村	高井	山中	村松	生垣			吉野	武藤	水川	庄野				田中	三枝	佐川	田中	江頭			原口		奥品	中村	高井		
	奥品	山中	原田	江頭	今野			佐川	三枝	田中	松村				吉野	生垣	庄野	武藤	水川			中村		高井	奥品	山中		
	武藤	江頭	今野	奥品	高井			佐川	中村	中村	三枝				庄野	吉野	山中	中村	関野			生垣		庄野	佐川	奥品		
	武藤	奥品	水川	三枝	田中			松村	江頭	高井					生垣							生垣		水川	生垣	吉野		
延番9:20~19:00	生垣	吉野	松村	中村	山中	⑥原口		高井	原口	奥品	横川	⑥田中			今野	江頭	田中	三枝	庄野	⑥横川		武藤		水川	生垣	吉野	⑥武藤	
	江頭	田中	三枝	水川	庄野	⑦新井		武藤	生垣	吉野	山中	⑦江頭			松村	中村	高井	原口	奥品	⑦水川		佐川		今野	江頭	田中	⑦山中	
メリメロ																												
休み																												

土曜日　①②7：00～13：00　③8：00～14：00　④9：20～18：00　⑤10：00～16：00　⑥⑦13：00～19：00　①給 8：30～16：00　②給 8：00～離乳食終了まで

もいます。家庭の事情や個人の予定など、その人らしく、無理のない範囲でシフトを実現させることで、勤続年数も伸び、園の方針理解や運営もスムーズに進むことが多いのではないかと感じています。

　日頃からクラス担任と同じようにクラスへ入り、一緒に保育する中で、若い保育者育成の面でも、ベテランのパート保育者が多く在籍しているのは当園の強みです。

若い保育者を支える —— 単身・若者世代を支える支援

◆ 保育従事職員宿舎借り上げ支援事業

　園のある東京都では、次の世代を応援する支援として「保育従事職員宿舎借り上げ支援事業」があります。表 2-2 は、東京都独自の割合負担です。

　本法人では、東京都の制度を利用して市内在住の単身者を対象に家賃補助

表 2-2 　「保育従事職員宿舎借り上げ支援事業」負担額の割合

補助割合	国・都 3/4	市区町村 1/8	設置主体 1/8

が行われ、現在 2 名の保育者が利用しています。

◆ 奨学金助成支援

　奨学金助成は、法人独自で行っている支援です。奨学金を返済しながら働いている保育者に対して、奨学金の支払い分を法人で負担し、保育者には返済の負担なく働いてもらえるよう支援しています。

　処遇改善手当などで少しずつ向上しつつある保育者の給与ですが、まだまだ少ないのが現状です。本法人では、常勤の正規職員を対象に、年齢制限などは特に設けず、助成の対象としています。若い世代が少しでも負担なく保育者という職業に携われるよう、今後も財政が許す限り、法人独自の支援を続けていきたいと考えています。

保育実践にとどまらない働き方の提案

◆ 得意を仕事にする

　多様な働き方として、みんなのカフェ「メリメロ」の運営を紹介します。法人の地域公益事業として 2018（平成 30）年 5 月、地域の中にカフェを作りました。スタッフは保育者・管理栄養士・看護師・介護福祉士です。外部委託の管理栄養士 2 名が加わり、火曜日から金曜日（月に一度、土曜営業）まで、ワンコインランチやスイーツの提供を行っています。

　カフェの運営を始めた理由は、以下のとおりです。

・　地域の中で 40 年間社会福祉法人を運営してきて、地域の中で育てていただいた恩返しを込めて、できることはないかと考えた。

・　地域の中で福祉の拠点となる場所をつくることで、地域の子育てや福祉の役に立てるのではないかと考えた。

・　駅前の空き物件のオーナーが園での取り組みに理解を示し、快く格安で場所を貸してくれた。

・　社会福祉法人制度改革により、社会福祉法人の責務として地域公益事業の実施が加わり、法人の役割により明確さが出てきた。

カフェ店内の様子（保育者考案の内装）

隙間時間を利用した WEB での研修会

保育者による、地域の親子に向けたお話会

園で働く若手保育者

◆ 男性保育者として父親を巻き込む子育て支援

　男性保育者の活躍の場があることも、大きな特徴だと考えています。自園だけでなく、市内のほかの保育所の男性保育者と協力し、男性保育者の会「ホップの会」を結成。毎年、市内のホールで親子コンサートを開催し、特技を活かしたバンド演奏なども行っています。

◆ 自分らしく働くことの大切さ
　—— 年齢・性別・職種に関係なくやりがいをもって働く

　ここまで紹介したとおり、本法人では幅広い年齢の保育者が働き、それぞれのライフイベントやワーク・ライフ・バランスを尊重し、保育者の「仕事と生活の調和」を目指す過程を大切にしています。保育の質の向上にも、保育者の心のゆとりやプライベートの充実が重要と考えています。

　園としての取り組みと考えると、国や市からの財源は他園と同じです。今あるお金を積み立てや修繕費として使うのか、地域に向けて使うのか、そこの違いかと思っています。

　保育者として、保育の限界や正解を自分で決めてしまうのではなく、常に学び続ける姿勢も大切です。皆が向上心をもって日々の保育に取り組むとい

ホップの会メンバー

ホップの会親子コンサートのリハーサル風景

うことは、保育の質の向上、保護者との信頼関係の構築、何よりも保育者としてのやりがいにつながると考えています。

　柔軟なシフトの実現によって、興味をもった外部研修への参加や個々の学びの時間の確保も重要と考えており、ここ数年では、当園での外部研修参加率はほぼ100％となっています。これも、小さな取り組みが少しずつ実を結んでいる結果だと感じています。

保育者の声

柔軟な働き方により、
自己実現を果たす

原田圭人
（副主任、勤続 12 年）

　私は経験年数 12 年目の男性保育者です。園のある羽村市内でひとり暮らしをしながら働いています。

　学生時代、奨学金制度を利用して大学へ通っていたため、就職後は約 10 年間、毎月給料の中から奨学金を返済する予定でした。しかし、法人独自の制度で、返済を肩代わりしていただくことになりました。覚悟はしていたものの、10 年間もの間、毎月の返済となると、金銭的には正直苦しいものがあったと思います。この制度を利用することができ、本当にありがたく、感謝の気持ちでいっぱいです。

　また、幼少期から今も続けている趣味であるサッカーに関しても、平日の練習や土日に行われる試合に可能な限り参加し、保育者としてもアマチュアスポーツ選手としても、動ける身体を保っています。2017（平成 29）年には、ソサイチと呼ばれる「7 人制サッカー」の日本選抜にも選ばれ、有給休暇を利用してタイへの海外遠征も経験しました。それも「柔軟な勤務交代」や「臨機応変に有休が取得できること」のおかげだと思っています。

　そうした働きやすさが、より「この保育園のために」「子どもたちのために」という気持ちにつながり、働くうえでのモチベーションにもなっています。

74

自分の子育ても仕事も頑張りたい！

中村祥恵
（幼児リーダー、勤続 14 年）

　私は羽村まつの木保育園に就職して 14 年目の保育者です。就職してから結婚、出産を経て、現在は小学 1 年生と 2 歳児クラスになる子どもがいます。

　せっかく保育者になれたのだから、自分がお母さんになっても絶対に保育者を続けたい！　若い頃はお母さんの気持ちを想像や共感することができたけど、いざ自分が母親になって初めて母親の本当の立場を知ることができました。自分の保育観にも変化があったと思います。

　自分自身にも子どもがいるから、子育ても楽しみ、大事にしたいという想いが強くあります。保育の仕事も、もっと頑張りたいと思います。

　仕事で残りたくても、子どものお迎えがあるから残れない、疲れ果てて子どもと寝落ちしてしまう日だっ

てあります。主人は土日が仕事なので、土日は私が 1 人で子どもを見ます。家でも職場でも自分の力を発揮できなければ、母親としても保育者としてもよくありません。最近、そのためにはワーク・ライフ・バランスが大切だと思えるようになりました。

　早番、遅番があるこの仕事、子育て中の職員は正直大変です。でも、職場の皆さんの助けもあり、遅番できる日と勤務を交代してもらったり、子どもの急な体調不良でお休みをもらう際も、カバーしてもらっています。

　今すぐには恩返しできない部分もありますが、仕事で返せることや、これから続く子育て世代の先生の力になれるよう、働きやすい職場を考えて、仕事も子育ても楽しんでいける保育者が増えたらと思います。■

2-2 みんなで決めてみんなで行う人材不足対策のカギは「協働」

社会福祉法人宮川福祉会　こじかこども園（岡山県）

　現在、全国的な保育者不足により、人材確保のための処遇改善やさまざまな施策・取り組みが自治体や経営主体によって行われています。しかし獲得競争はますます激化し、全国へと広がってきています。

　本項では、保育者不足の現状と問題点、当園（法人）で取り組んできた人手不足の解消策について紹介します。

深刻な人手不足の現状

◆ 定員割れと待機児童の問題

岡山市内には2020（令和2）年10月1日現在、157人の待機児童がいます。一方、認可保育所・認定こども園・地域型保育事業の28.4％において、園児の受け入れ数が利用定員を下回っており、そこには668人の受け皿があります。深刻な保育者不足のため、園児を受け入れたくても受け入れられない状況があります。

◆ 当園の保育者不足

昨年まで、転居等で退職して欠員の出た保育者数に対して、新規卒業学生の採用試験の応募が徐々に少なくなり、当園においても保育者不足の状況が生じていました。年度初めに利用定員の園児の受け入れに必要な十分な数の保育者が確保できないため、4月の新年度開始時には利用定員まで園児が受け入れられず、5月以降、徐々に保育者が確保でき、園児数が次第に増加していく状況です。

また、今まで保育者が分担して行っていた園内業務ですが、保育者が不足すると、一人が負担する業務量が増加し、早番や遅番など当番の回数が増加し、保育者がストレスを抱えるという問題が生じていました。

当園では人材確保と長期的な園（法人）の経営ビジョンとを結びつけてこの問題に取り組み、現在では、新規卒業学生の応募が増加し、ハローワーク紹介の中途採用保育者の応募も増えてきており、人材が定着し離職率も減少してきています。

人手不足の解消策

◆ 人材の採用方法

1994（平成6）年までの採用試験は、管理職のみで行って内定者を決めており、保育者は新人の人材育成にはとても消極的でした。そこで、「みんなで決める採用試験」に変えることにしました。「みんなで決めて、みんなで育てる、みんなで長く働く」という思いで、できるだけたくさんの保育者が携わり、採用試験を行っています（表2-3）。保育者一人ひとりが採用試験に

表 2-3　採用試験の概要

```
みんなで決める採用試験

・　書類選考
・　面接Ａ（職員３名）
・　面接Ｂ（園長・主副幹保育教諭３名）
・　保育補助（職員３名程度）
・　ピアノ試験（新卒応募者のみ、職員３名）
（　）内の職員が評価（Ａ～Ｄ）し、その集計で内定者を決定
```

責任をもってかかわり「一緒に仕事をしたい」と思う人材を採用します。

　このような採用試験を実施するうちに、全職員が責任をもって人材を育成する仕組みに変わり、徐々に人間関係も良好になっていきました。

◆ 職種・人材の多様化と勤務形態
多様な職種・人材の活用

　当園では子どもの教育・保育にかかわる職種として、保育教諭、特例保育教諭（岡山市に特例の届出をし、保育教諭に準じた仕事をする）、保育補助員（子どもの教育・保育の補助をする）、療育支援員（個別の配慮の必要な子どもの支援をする）、保育アシスタント（英語講師等がレッスン以外の時間にはアシスタントをする）、保育支援者（環境整備、片づけ、配膳準備、午睡準備、玩具消毒など）、看護師、栄養士、調理師が働いています。

　大学等の新規卒業者だけでなく、他園での経験がある既卒者、経験のない他業種就労経験者も採用しています。保育士資格や幼稚園教諭免許状をもっていない場合には、費用補助と有給休暇付与をして取得支援＊を行います。

　また、看護師や小学校・特別支援学校・中学校・高校の教員免許取得者や教員経験者も採用しています。彼らは小学校との接続や就学指導、支援の必要な子どものケース会議などで活躍しています。年齢も 20 ～ 70 代と幅広く、他職種を経験した職員から学ぶことは多く、豊かな人間性を感じています。

　さらに、年間を通して、養成校で学んでいる保育学生、小児科の医師を目指す医学部学生・看護学部・経済学部など、他分野の学生を定期的に学生ア

＊資格取得支援
認定こども園では、保育士、幼稚園教諭のいずれかの資格・免許をもっている場合、他方の資格・免許取得への補助があります（費用は一部岡山市補助、上限を超えた分は園補助）。有給休暇の付与は園の支援策です。

遊びの中から発達を理解する

共感する心を大切に

ルバイトとして活用しています。

勤務形態

　現在は、一人ひとりの職員に応じたさまざまな就労形態で働けるようにしています。特に、早朝保育（延長保育）だけ担当する臨時パート職員が雇用できると、職員の負担軽減になります。

- ・　正規職員（常勤、当番あり、当番なし、時間短縮勤務）
- ・　臨時職員（常勤、当番あり、当番なし）
- ・　臨時パート職員（就労可能な時間：2～6時間程度）
- ・　臨時パート職員（早朝保育のみ、延長保育のみ）

◆　人材の育成

　一人ひとりの保育者が、自分たちで決めた人材を、自分たちで責任をもって育てる認識で、相手の立場を思いやりながら、日々の業務で育成しています。採用された保育者が職場の仲間とお互いに学び合い、育ち合いながら有能な人材となり、末長く勤めてもらうことが、園の教育・保育の向上につながると考えます。

法人内の合同研修での育成

　採用が内定した学生は、内定時から可能な時間を使ってアルバイトとして勤務し始め、勤務開始の4月までに教育・保育実践を学びます。内定者の法人内合同新採用職員研修会は、12～3月中に法人内の3つのこども園合同で3回程度行います（表2-4）。

園内研修の充実

　過去には保育者全員で夕方に園内研修を行っていた時期もありましたが、

表 2-4　法人内合同研修会

研修の種類	対象	研修内容（例）
新採用職員研修会	新採用職員	心がまえ、教育目標、子どもの発達
年齢別研修会	担当年齢別	指導計画、保育内容、運動会等
リーダー研修会	中堅職員	行事、保育内容、園内研修のテーマ
給食担当者研修会	給食担当者	給食、食育、衛生管理、アレルギー
パート職員研修会	パート職員	教育目標、摂食・嚥下の発達
管理職研修会	理事長、園長、主幹保育教諭	労務管理、ハラスメント、ストレスマネジメント、人間関係

表 2-5　テーマ別園内研修の内容

テーマ別園内研修の内容（小グループで行う）

遊びの環境構成、個別の支援の仕方、子どものトラブルやいざこざ対応、生活場面を通した子どもの学び、集団遊び、伝承遊び、物とかかわる遊び、夏の遊び（しゃぼん玉・色水遊び）、クッキング活動　など

保育者の勤務形態も多様化し、家庭や育児の状況もさまざまです。近年では、次のように小グループに分かれ、勤務時間内（主に午睡時）にテーマ別園内研修を行うようにしました。

指導計画等書類データの共有化

「書類が書けない」という声をよく聞きますが、書類の書き方をきちんと指導している園も少ないように感じています。書類の様式を簡素化したうえで、この書類は何のために書いているのか、どう書いていくのかを指導する必要があります。

当園では、園の教育・保育理念（目標）の研修を行い、保育者はその内容を理解します。そして、全体的な計画の内容を知ります。より具体化された0歳児から5歳児の各年齢の指導計画（年間・期・月・週）や遊びのカリキュラムについては、園内ですべてデータ化され保存されています。担当者は現在の子どもたちの姿（実態）に合わせて、データを追加・修正しながら教育・保育を行い、評価・反省を行っています。

個性や長所が活きる配置や職務分担

以前は、みんなができるようになるために、経験していない職務をすると

私が鬼をする。僕がする！（集団ゲームでの鬼決め）

子どもの発見から保育者も育つ

いう分担になっていました。しかし初めての業務は、丁寧に教えてもらってもうまくできず、時間がかかります。その結果、負担感が増大して自信をなくすことがありました。

　そこで、逆転の発想で「できることをしっかりする、その人でなくてはならない得意とする分野を担ってもらう」ことにし、適材適所の配置となるように、保育者が話し合って配置や分担を決めるようにしました。すると、業務遂行時間も短くて済み、改善・向上された業務ができるようになってきました。

人材の定着に向けた取り組み

- 　勤務終了時間を過ぎても業務が残っているので帰れない
- 　先輩保育者が残っているので、勤務を終えても帰りづらい
- 　書類を書く時間が確保できないので提出が遅れる
- 　作り物（製作物）などの持ち帰り仕事が発生する
- 　家庭（育児）と仕事の両立が難しい
- 　ストレスを溜める保育者がいる

　上記のような問題が園（法人）内で生じていたので、国の動きに先駆けて、2017（平成29）年頃から、法人内で以下のような働き方改革を行いました。この働き方改革により、保育者の離職率が著しく減少しました。

業務内容の見える化・保育者間の連携強化

　園内業務の連携のために、各担任が2日前までに所定の一覧表に活動内容

や業務内容を記入します。その後、主幹（副主幹）保育教諭がその表をもとに補助人員の配置や業務内容の調整を行い、全員が8時間の勤務時間内で業務を終えるようにします。

ノンコンタクトタイムの保障

各人が抱えている仕事の内容と量を主幹（副主幹）保育教諭が把握し、順番に担任を保育室から外し、担任は書類作成や翌日の準備を行います。

始業30分以上前の出勤禁止・終業後30分以内の退所

勤務終了後に保護者への連絡等で残る場合には、園長が残業を承認します。

残業はすべて申請・許可制

残業を希望する保育者は、希望日の2日前の昼までに、園長に申請用紙を提出します。園長は、全員の見える場所に申請書を掲示します。勤務時間内にその仕事が済むように主幹（副主幹）保育教諭が調整し、全職員が協力し、残業を希望した保育者の仕事が勤務時間内で完了するようにします。

行事の準備等の残業は園長が承認のうえ、チームリレー方式

担当者が各当番勤務終了後30分ずつ残業し、チームリレー方式で製作物などを作ります。

保育者の子どもは自園に通うことができる

子どもの送迎の時間がかからず、育児と仕事の両立支援となります。また、自分の子どもが通っていることもあり、保育者は教育・保育の質の向上により努めることができます（入園には岡山市の利用調整有）。

年次有給休暇消化率80～100%

法人内の3園の保育者の有給休暇取得率が高まり、3園がほぼ同率になるように、法人内の3園の間で保育者を派遣し、協力しています。

完全週休二日制

保護者には「土曜日は家庭教育（保育）の日」の協力をお願いしています。保護者の理解も得られ、土曜日の登園児が大変少ないため、保育者はほぼ完全週休二日制となり、1か月の労働時間も所定労働時間以下となっています。

処遇の改善と向上

国の保育士等の処遇改善の施策も進んだため、並行して園（法人）の給与表を改定し、基本給を改善しています。さらに、処遇改善手当（処遇改善等

生藍染め体験

興味に合わせた遊び

加算Ⅰ）やキャリア手当（処遇改善等加算Ⅱ）、岡山市民間保育士等処遇改善事業補助金もあり、保育者の処遇改善はいっそう進んでいます。

良好な人間関係の維持

　現在は新型コロナウイルス感染症予防のため、保育者同士が交流したり、親睦を深めたりする機会が少なくなっています。そこで、一人ひとりのよいところ探しをするグループワーク研修を園内で行ったり、プレゼント交換をしたり、おすすめのお菓子を持ち寄って休憩時間を過ごしています。職員・保育者同士の良好な人間関係は、表2-6のように保育の質の向上の好循環をもたらします。

　現在は保育者間のつながりをさらに深め、連携を強化する方法として、メンター制度を試行的に導入することを検討しています。

表 2-6　保育者が定着するためのポイントは「人間関係」の促進

人間関係が良好になる（愛と信頼関係）➡ 個人の能力が発揮できる仲間（職場）➡ 教育・保育実践を通して子どもの育ちが見られる ➡ 自らの教育・保育の質の向上を感じる ➡「やりがい・達成感・自己実現」へとつながる ➡ 職場環境の改善が進む ➡ 自分のライフステージや家庭の状況等に合わせて働き方を変えることができる（正規職員・臨時職員・フルタイム・パート・当番の有無など）➡ 長く勤められる職場となる（保育者が定着する・離職率低下）➡ 人間関係がさらによくなる

友だちとのかかわりが大切

せんせい、シャンプーしてあげる！（おふろごっこの場面）

カウンセラーによるメンタルヘルス支援

　2020（令和2）年4月から、法人内の3つの認定こども園に教育・保育相談室を設置して、専属の教育・保育相談員（通称：カウンセラー）を配置しています。臨床心理士（公認心理師）の資格をもつスクールカウンセラーは、年間36日程度勤務し、園内で表2-7のような活動を行っています。

取り組みの成果

　これまで述べてきた人材不足の解消のための方策により、保育者の離職率は毎年低下していきました。現在では、結婚や出産で退職する保育者はほと

表2-7　スクールカウンセラーの活動内容

教育・保育相談員（スクールカウンセラー）の活動内容
・　園児の発達支援 ・　教育・保育のコンサルテーション ・　保護者の相談支援 ・　保護者への研修（2020（令和2）年度は新型コロナウイルス感染症予防のため中止） ・　カウンセラーだよりの発行 ・　保育者へのストレスマネジメント研修 ・　保育者のストレスチェック実施 ・　保育者への個別相談支援

表 2-8　法人の長期的な目標

- ・　長期的・安定的な施設経営（運営）
- ・　働きやすく、人材が定着する職場
- ・　個人の個性や能力を発揮し、自己実現できる職場
- ・　教育・保育内容の充実（質の向上）
- ・　すべての子どもの教育・保育の保障
- ・　子育ての核となる施設
- ・　地域に根ざしたサービスの提供（地域貢献事業等）

組織の共通目標に向かう強力な集団を全職員で形成する

んどなく、産休・育休を取得して、子育てと仕事を両立し、働き続ける保育者が多くなりました。また、育児や家族の介護等の問題から一時就労時間を減らしていた保育者も、勤務時間を延ばし正規職員として復帰しています。

　現在では、新規採用職員（学生）の応募も既卒者の応募も増えています。「みんなで決めて、みんなで育てる」をモットーに、法人の長期的な目標と個人のライフプランとを重ね合わせて、働きやすい職場となるように改革を進めていきたいと考えています。　■

【参考文献】

・柴田豊幸他『選ばれる園になるための労務管理』チャイルド社、2017 年
・砂上史子編著『保育現場の人間関係対処法』中央法規出版、2017 年
・久田則夫『福祉リーダーの強化書』中央法規出版、2017 年

採用にかかわることで、育成にも責任感が生まれる

石田美緒
（指導保育教諭、保育歴6年）

　私は6年前、年度途中で採用されました。自身の採用試験の際にも、管理職だけでなく、たくさんの職員が面接や保育技術の試験にかかわっていました。「採用はみんなで決めている」という説明を受けて緊張もしましたが、採用の連絡がきた時には、より頑張ろうと思えたことを覚えています。

　入職後は、自分が採用試験にかかわることで、入職した保育者に対して責任を感じます。この責任感は、試験にかかわるからこそ感じるものだと思います。

　保育者の退職時期が重なるなど、人手が足りていない期間もありましたが、幅広い年代の潜在保育士の採用によって、人手が充足されました。各々ができることを分担して働けること、さまざまな年代や経験の

ある保育者がいることで気づかされることも多く、多様性が活かせる職場のよさを感じています。

　新卒だけでなく、中途や潜在保育士、異なる園での経験者などさまざまな経歴をもつ保育者がいますが、研修や勉強会などを通して保育観が統一されているのが、この職場で一番働きやすいと私が感じる理由です。園によっては、各々が自分のやり方で保育し、それが人間関係のトラブルにつながることもあると思います。保育観が統一されていることで、指導も受けやすくなり、指導もしやすくなると思います。それは働きやすさにもつながっています。■

保育者の声

一人だけで
ストレスを抱えない

安東美香
（副主幹保育教諭、保育歴15年）

　過去にも保育者として働いていましたが、しばらく教育・保育の現場から離れていました。潜在保育士として法人の試験を受け、皆に認めてもらい就職しました。現在では、採用試験に来る人を評価しています。

　採用になった保育者に、「職員は皆家族です。責任をもって皆で育てます。お互いが気持ちよく職場で過ごせるように、相手のことを思いやって仕事をしてください」と管理職が話すことで、「守ってもらえている」という安心感が生まれ、職場で自分の居場所を確保することができ、働くことへのモチベーションにもつながっています。

　また、「相手を思いやる」という気持ちは、すべての業務に関係し、保育者間の信頼関係へとつながり、個々の苦手な部分をカバーしたり、してもらうという関係になっています。

　現在は副主幹保育教諭として、全員の業務内容を整理し、業務遂行状況を早めに把握することを心がけています。自分自身で決めてしまうのではなく、周りの保育者に相談し皆で決めて、園全体で取り組めるようにしています。勤務終了後30分以内の退所、30分以上前の出勤禁止の徹底により、業務を過度に抱えている保育者への内容の整理や協力体制の依頼を迅速にすることを心がけています。

　園内の保育者が一人だけでストレスを抱えることがないように支援することが、長く働ける職場をつくり、人手不足の解消につながると感じています。　■

2-3 保育の質の向上の担保
保育の好循環化に向けた 作業の見直し

社会福祉法人橘会　御南まんまるこども園（岡山県）

　御南まんまるこども園（以下、当園）は、社会福祉法人橘会が運営する、岡山市内にある幼保連携型認定こども園です。保育の質の向上には働き方改革が欠かせないと考え、目標を定め、実現に向けた取り組みを行ってきました。

働き方改革に取り組んだきっかけ

　昨今、ようやく保育現場にも「働き方改革」「ワーク・ライフ・バランス」という言葉や考え方が浸透してきたように思います。わかりやすい例でいうと、ICT化も手伝い、保育者が定時で仕事を終えるようになったり、休暇を申請しやすくなったり、持ち帰り仕事が減ったりする園が増えてきました。しかしその一方で、今後も働き方改革を推進する上で、大きな課題にも直面していると考えています。それは今後、園や法人が時代の中で生き残り、発展していく上で欠かせない「保育の質の向上」です。

　園が保育の質を高める上で最初に取り組むべき課題は、「園の実際に沿った、保育者が理解して納得ができる実効性のある保育目標の設定」であると考えています。園の保育目標が具体性のない抽象的なものであったり、保育者の理解や納得が得られない曖昧なものであったりした場合、保育の根幹である「全体的な計画」の編成は困難になり、保育者は、園が「保育の中で何を大事にしているのか」「どうやって子どもの育つ環境を保障しようとしているのか」が理解できず、結果として一貫性と体系性、計画性のある保育実践が困難になり、保育の自己評価も、個人の価値観や主観による感想や反省に滞る可能性が高くなってしまいます。

　そこで、まずは自分たちで実効性のある保育目標を設定し、それを達成するための「全体的な計画」を編成し、保育計画を立て、保育実践を創造し、実践する「保育の好循環化」が求められています。その実現には豊富な経験と意欲、そしてリーダーシップをもった保育者の存在が必要不可欠であり、保育所・幼稚園・認定こども園等、女性が大多数を占める職場で、すべての保育者がライフスタイルの多様性を認め合い、やりがいや充実感をもって継続的に働き続けることができる環境整備は最重要課題であると考え、「働き方改革（ワーク・ライフ・バランスの実現）」の取り組みを開始しました。

ワーク・ライフ・バランスの実現に向けた取り組み

　はじめに、「職員一人ひとりが、やりがいや充実感を感じながら働くことができる園づくり」を推進するための3つのキーワードを示します。これらは、園内で全職員34人を対象に、「働きがいについて」の聞き取りをし、表

出された代表的なワードをキーワードとしてまとめたものです。

- 保育の質と保育者の自尊感情の絶妙な関係
- 業務効率化と保育の普遍的な価値の追求との絶妙なバランス
- 自然体のコミュニケーション

次に、園のワーク・ライフ・バランスの実現に向けた取り組みを、上記の3つのキーワードを軸に紹介します。

◆ 自分の園の教育・保育目標を見直そう！
── 保育の質と保育者の自尊感情の絶妙な関係

「全体的な計画」は、園の保育目標を達成するための保育の全体計画で、園の将来の望ましい保育を描きながらすべての保育者が参画して編成されるものです。そして、「全体的な計画」を編成する上で最初に重要になるのは、実際の保育に対応した、園の保育者が理解して納得できる具体的な保育目標の設定です。

仮に、保育目標が保育の実際から遊離すると、一貫性や体系性のある保育計画を編成することは理論的に不可能です。すると、保育を評価する上で根拠となるものが存在しないことになるので、自己評価や改善を推進することも事実上困難になり、結果として、保育の質は低下してしまいます。

そこで、まずは保育の実際に対応し、園の保育者が理解・納得できる保育目標を設定し、その上で、それらを達成するための園独自の保育の大きな枠組みを、保育所保育指針や幼保連携型認定こども園教育・保育要領のねらいや内容と関連づけたり整合させたりします。そして、園の保育の蓄積を活かした一貫性と体系性、独自性のある「全体的な計画」を編成します。さらに、それに基づく実践を計画・実践・評価・改善する好循環サイクルにより回すことで、保育の質は少しずつですが確実に高まると考えています。

御南まんまるこども園の教育・保育目標

当園では、表2-9の教育・保育目標を設定し、「10の約束」として、保育者や保護者、地域に発信しています。なお、保育目標は、外部支援者との協働により、当時の園長（現理事長）への聞き取りや園の要覧、指導計画や観察記録（写真含む）から検討し、それを教育基本法の「幼児期の教育」の観点から総合的に検討して導き出すという方法で行っています。当初、⑤はありませんでしたが、実践を繰り返し改善していく中で、必要性を感じ、追記

したものです。

このように、自分たちで保育目標を設定すると加筆修正も容易に行うことができ、愛着も湧きます。そして、具体的な保育目標を設定することで、保育者も「自分の園が何を大切にしているか」、その上で「どうやって子ども達を保育する（育てる）場を保障していこうとしているか」「その中で自分にできることは何か」をより明確にイメージできるようになりました。また、保護者や地域に対しても、具体的な目標を提示した方が理解と共感を得られやすいように感じています。

表 2-9　御南まんまるこども園の教育・保育目標「10 の約束」

① 十分に養護の行き届いた環境のもとに、くつろいだ雰囲気の中で子どものさまざまな欲求を満たし、生命の保持および情緒の安定を図る。
② 生きていく基礎としての体力・気力を育てる。
③ 自然の中で美しさやすばらしさや不思議さに感動したり心を動かしたりする感性（センス・オブ・ワンダー）を育てる。
④ 自然のサイクルの実感や自然に生かされている感覚を育てる。
⑤ 日本の伝統や文化にふれ、大切にする心を育てる。
⑥ 感動したことを表現する心を育てる。
⑦ 自分で考え、あるいは、自分たちで考え話し合って、学びに向かう力、生活を創っていく力をつける。
⑧ 他を応援する、年下の子のために仕事をする子に育てる。
⑨ ありがとうの気持ちを育てる。
⑩ 保護者の方々とともに子ども達を育てたい。

多様な働き方と保育の質のバランスのとり方

◆ 業務効率化と保育の普遍的な価値の追求の絶妙なバランス

当園では 2017（平成 29）年の開園時から、独自の雇用体系として「準社員制度」を導入しています。この制度の利用者は全職員 34 人中 3 人です（2021（令和 3）年 2 月現在。うち 1 人は育児休業中）。利用のタイミングは、出産後、育休復帰する際に、仕事と家庭の両立を目的に希望する職員が多いように思います。

「準社員制度」は、個別の事情（育児があって早番・遅番などの当番ができない、長期間定期的に病院に通いたい、早番はできるが遅番はできない等）により、通常の正規職員としての勤務が難しい中堅職員（おおむね勤続5 年以上）を対象に、園で培ったキャリアを活かしながら、個々の実情に応

じて臨機応変に働くことができる雇用形態です。大きな特徴は、雇用形態が非正規（パート）ではなく、正規職員である点です（表2-10）。

　勤務内容は正規職員と同じなので、クラスリーダーになることもあれば、保育計画や評価も受け持ちます。また、繁忙期には残業手当を支給して残業をすることもあれば、行事日などは正規職員と同じように準備から片づけまでこなします。

　正規職員とのバランス（処遇差）ですが、年2回（夏冬）の賞与で個々の働き方に応じて差をつけ、年度初めに辞令を渡す際、本人から了解を得るようにしています。また、今は賞与以外にも国や自治体から保育士等の処遇改善等加算などが支給されますが、その際、わずかですが、正規職員と差を設けるようにしています。この考え方の妥当性は、当園の賃金規定「賞与」の中で「出勤状況及び勤務成績等を勘案して一定額を減額することがある」と定めた部分を適応させています。

表 2-10　準社員制度のメリットと注意点

> メリット
> ①　（準社員の）存在そのものが園の安心感につながる。
> ②　経験の少ない保育者が（準社員を）見て真似て学ぶ環境が目の前にある。
> ③　経験年数5年目前後のミドルリーダーが育ち、経験年数の格差解消につながる。
> ④　（準社員が中心となって）園内研修を企画・実施し、若い職員の保育理解が進み、保育技術が向上する。
> ⑤　（準社員が）モデルとなり、将来の選択肢が増えるので若者の離職防止につながる。
> 注意点
> ①　対象者の枠（人数）を広げ過ぎると、当番ができる保育者が少なくなるので、結果的に正規職員の負担が増す。
> ②　該当者が全体の1割程度であれば、個々の状況に応じた柔軟な対応が可能だが、人数が増え過ぎると、働き方や処遇差について一定の枠組み（ルール）が必要になる。

コミュニケーションをもっと気軽に、簡単に！

◆ 自然体のコミュニケーション

　「働き方改革」を推進することで、保育者が効率よく仕事をこなし、早く帰れるよう努力するようになり、残業が減ったのは喜ばしいことです。しかし一方で、保育者間の情報共有や連絡に行き違いが生じたり、広く全体に共

有したい連絡ができていない事態が起こるようになり、情報共有の困難さが課題となりました。

　その課題を解決する方法の1つとして、1年前からSNSを活用しています。使用しているアプリは「LINE WORKS」で、保育者のほか、パート職員や栄養士や調理員、育児休業中の職員も登録しています。

　数あるコミュニケーションアプリの中から「LINE WORKS」を選んだ理由は、無料アプリでも職員間の簡易な連絡ツールとしては十分なスペック（個人情報流出への配慮は必要）であり、LINEと基本的な使い方が同じなので、年齢・性別を問わず誰もが緊張なく使えて研修等の必要がないこと、LINEと違って管理者が情報を把握・管理できるので、連絡や確認漏れが少ないことが挙げられます。

　連絡事項や会議録はLINE内の会議録にまとめて共有化できるので、貴重な職員会議の時間が単なる連絡会から、職員全員が参画して保育を振り返ったり創造する有意義な時間となりました。ただ、無料アプリを個人端末で使用しているので、情報漏洩（ろうえい）や個人情報流出、個々のモラルには細心の注意が必要です。

　当園では共通の約束事として、個人が特定できるようなメッセージや写真は載せない、休日や早朝・夜間の利用は極力控えるようにしています。

　保護者に対する取り組みとしては、日々の保育活動の様子をホームページ内の保護者専用ページに、クラス担任が毎日書き込んでいます。保育者は短い文章（200字以内）でわかりやすく活動内容を伝えるトレーニングを積むことにより、業務効率化や時間短縮にもつながっています。また、電子掲示板の導入により、毎月配付していたクラスだより（A3用紙）は廃止しました。

管理者（園長）による大枠のルールづくり

　「全体的な計画」の編成、「準社員制度の導入」や枠組み、SNSや電子掲示板の導入など、実務的なことは保育者が行うことができますが、導入するか否かの判断は園長の役割です。何かを始める際は、園長は全職員のリーダーとして情報収集に努め、メリットとリスクを理解したうえで、全職員ができるだけ理解できる、わかりやすい大枠（ルール）を示し、活用方法を説

明する責任があります。

　また、保育（仕事）において、前年と同じことを何の変化もなく漫然と繰り返すことは継続とはいえません。なぜならば、実践者や対象者、時代が変われば必ず実態に合わないチグハグな箇所がいくつも表れ、何の工夫や修正もなく推し進めると、実践の質は確実に低下するためです。

　園長には、時代の要請に適当に応えつつ、一方で園や法人がこれまで大切にしてきた保育の普遍的な価値を追求して、両者のバランスをとりながら、時代に応じた園独自の文化を醸成することが望まれます。

◆ 課題解決の糸口は園の中にある

　最後に、皆さんは次のような経験はありませんか。どこかの有名私立幼稚園、または保育所、認定こども園、あるいは有名大学の附属幼稚園の公開保育に参加し、そこで見た保育実践に感銘を受け、または自園の課題解決に一筋の光が見えたような気がして、園に帰って同じように保育を計画・実践したが、全くの期待外れに終わってしまった…。

　この原因は、「園の課題解決の糸口は園の中にしかない」ためです。実践園と自園では、保育理念や目標が異なるのはもちろん、地域性や園に通う子どもや保護者、実践する保育者が違います。そのような中で、同じような成果が見込めるはずもありません。

　今回、園の「働き方改革（ワーク・ライフ・バランスの実現）」への取り組みの紹介として当園の「全体的な計画」の編成手順に始まり、「準社員制度」やSNSの導入、電子掲示板などさまざまな提案を行いましたが、これらすべてが全国どの園でも課題解決の糸口になるとは限りません。

　「園の課題解決の糸口は園の中にある」ことをすべての保育者が自覚し、園長のリーダーシップの下で課題解決に根気よく向き合うことが、園と保育者にとって堅実かつ持続性のある「働き方改革（ワーク・ライフ・バランスの実現）」につながるのかもしれません。

♥ **職員の声**

準社員制度を利用し、家庭と仕事のバランスを図る

中島雅美
（主幹保育教諭（準社員）、勤続6年）

御南まんまるこども園は、若い頃にはできなかったことを実現させてくれる場だと思います。家族の転勤等により、他県の幼稚園や保育所を渡り歩いた経験や、そこで感じたよさについて、「まんまる園ではどうだろう」と、園の実態や状態に応じて提案したり、試行したりすることができます。

若い頃は「まずは家庭を…」と考えたことはありませんでしたが、結婚して家族が増え、突然の事故やトラブル（病院やけが）に見舞われた際は、制度を活用して家庭を優先しています。その分、その他の時は仕事に打ち込むことができます。

子どもに一番学費がかかる時期に正規職員として雇われるのは、家計的にも助かっています。また、準社員は職務上、正規職員と同じ立場なので、パートではできないような責任ある仕事を任されたり、企画することもできます。私の場合は仕事への熱量や積極性が必然的に上がり、後進の育成にやりがいも感じています。園の保育の質的向上を考えるうえで重要なのは、一般企業と同様に、一定の成果を出すための学ぶ機会の提供であると感じています。職員一人ひとりの能力や成果が正しく評価され、保育の質的向上に寄与している実感を本人が得られれば、やる気や自己効力感の高まりにつながると思います。

園全体の連携やかかわり合いによって、皆が学び合える雰囲気と組織を形成し、園で継続的に取り組んでいくことは、若い保育者だけでなく、園の保育に携わるすべての人に必要だと感じます。　■

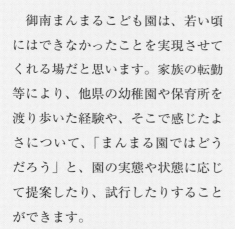

保育者のやりがいと保育の質の保障

岸　智明
（副園長、勤続 12 年）

「働き方改革」の本質的な課題は「ワーク・ライフ・バランス」ではないかと思います。私たちは、「保育」という仕事で社会とつながり、貢献する、また自分自身の成長につなげることに仕事の喜びややりがいを見出す存在である一方、「個人」や「家庭の一員」として余暇や家族の時間を必要とする存在でもあります。このバランスが「働き方改革」を推進するうえで本質的に重要ではないかと考えます。

同時に「働き方改革」は、主に働く側について語られることが多いですが、保育の対象となる子どもや保護者が置き去りにされては、元も子もありません。保育者が働きやすい一方、子どもたちへの保育の質を保障し、保護者が安心して子どもを通わせることができる園づくりが重要であると考えます。

「残業なく、やりがいをもって働くことができ、それでいて園の保育の質は向上している」

これが、理想的な「働き方改革」の目指すべき形だと感じます。達成するために重要なのは、全保育者が「ここは自分の園だ」と思うことです。つまり、すべての保育者が当事者意識をもって課題に取り組めることが大切で、そのためには、リーダー（園長）の強い思いが必要です。当園の場合、その思いは「10の約束」に表されています。これを、経験のある保育者が熱量をもって若い保育者に伝え続けることで、園としての課題や保育の質的向上に全保育者が当事者意識をもって取り組み、チームとして一歩を踏み出すことができます。

　保育者が当事者意識をもち、協議しながら課題に取り組む際、ある程度自己決定ができないと、責任をもって課題に向き合うことはできません。保育者が新たな挑戦を始める際、園長は必ず「まぁやってみたら？」「やってみないと失敗かどうかもわからないよ」と言ってくれます。その一言で、保育者は「失敗しても大丈夫」という安心感をもって挑戦できているように思います。当然ながら失敗もありますが、失敗から得られる学びほど大きなものはありません。

　現在当園では、複数人が協議しながら週案の見直しに取り組んでいます。近年、教育現場でアクティブ・ラーニングが重要視されています。子どもの願いや思いの可能性から保育のプロセスをイメージして具体化するために、計画様式に保育デザインマップを取り入れました。これに

より、保育カンファレンスの回数が増え、ほかの保育者と保育観を擦り合わせることで、他者理解や尊重につながっているように感じます。

　保育者が個人の時間を確保するために重要なのは、業務効率化を図ること、残業ありきの雰囲気をなくすこと、自分の仕事のバックアップ体制をつくることです。

　保育デザインマップは、複数人で週指導計画のアイデアを作成するので、結果的に持ち帰り仕事の減少につながります。また、園のミドルリーダーが効率よく業務分配ができるようになると、保育者の休憩時間やノンコンタクトタイムが確保でき、効率化が図れます。そうした取り組みを園内で丁寧に積み上げていくことで、園の働き方のイメージが少しずつ改善する可能性があると思います。　■

2-4 保育の仕事を分解し、専門性を活かした内容に特化して従事する

学校法人仙台こひつじ学園　認定向山こども園（宮城県）

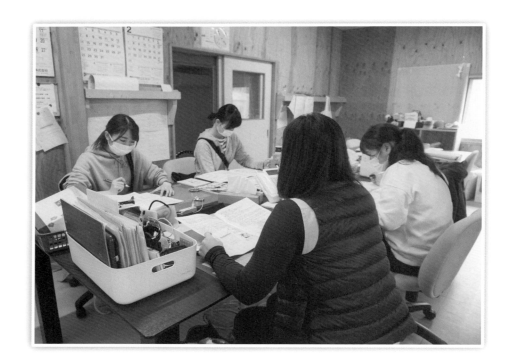

　働き方改革を宣言してから1年。思うような結果が出せないことから、原点に立ち戻り、保育者とは何かを考え、するべき仕事をするための環境整備を行った実践を紹介します。

保育者とは何か？

この問いは、保育者の働き方改革をするうえで、避けては通れない問いでした。

大手広告代理店社員の過労自殺に端を発したさまざまな報道を見て、自分の職場とそこまで残業時間が変わらないのでは？ とドキッとしました。それから、「働き方改革を行います」と宣言するところから始まりました。ところが、働き方改革を標榜（ひょうぼう）して1年、「No残業Day」は朝礼で司会の保育者が定型文のあいさつのように言うセリフとなり、誰も守らず、持ち帰り仕事に支えられるクラス便り、行事直前は夜10時過ぎに園を出るという状況は、脈々と次年度に受け継がれようとしていました。

「働き方改革なんて無理だ」と思う一方で、「「よい保育を目指しているからブラック園でも仕方ない」などというお人よしの学生に出会える時代ではない」という現実も知っていた私は、焦燥感に駆られていました。

「早く帰りたいと思わないのか？」「No残業Dayという制度をつくったのに…」と、保育者への疑問や不満が私の中には渦巻いていました。しかし、私が管理職としてつくっている制度や意識そのものに大きな欠陥があるのではないか？ と考えざるを得ないほど、何の結果も出せない1年が過ぎてしまいました。

そこで、原点に返ることにしたのです。

自分の中にあった一人前像

ほかの園で修業をさせていただいていた担任時代、一人前の保育者になろうとがむしゃらに先輩の背中を追いかけました。その"一人前"を自園の保育者に求めてしまう自分がいましたが、保育者に対するイメージをきちんと整理し、まず、シンプルに"保育者とは何か"を定義したうえで、一人ひとりに合った働き方を見つけていくというチャレンジをしなければならないと考えました。

保育者とは何かという問いを立ててみると、いろいろな答えが出てくることに気づきました。有資格者・教育者・養護者・子どもと遊ぶ人・子どもを導く人・伴走者・育児支援をする人・日本の未来をつくる人・人間が最初に

出会う社会を支える人…。考えてみると、意外といろいろな付加価値を求めているのだなと自身を嘲笑してしまいました。

◆ 保育者の仕事を因数分解してみる

保育者と一言でいっても、さまざまなイメージや要素が添加され、そぎ落とした形がつくりにくかったため、まず保育者の仕事を3つに分類してみました（表2-11）。すると、保育者の仕事は

子どもに直接かかわる ＋ 保育を支える業務 ＋ 雑務

に分けることができました。

ここから、有資格者にしかできない仕事を残し、残りは可能な限り分業しようと考えました。分解した3つの仕事の中で、有資格者ではなくてもできる仕事は雑務に集中していることがわかってきました。

表 2-11 保育の仕事を分解すると…

管理系雑務	保育準備系雑務	サービス・育児支援
掃除・洗濯・シールノート・お便り発行（印刷・折作業・ハンコなど）・提出物の確認・アンケートの集計・給食の集計・預かり保育の名簿作成と請求業務・細かな料金精算・シフトの作成	空き箱整理・教材準備・壁面・行事準備（下見・マニュアル作成・プレゼント作りなど）	バス添乗・電話・連絡帳・育児相談・クレーム処理

私が担任だったころは「掃除をすると、子どもたちがどんなふうに遊んでいたのか発見することもある」「洗濯物を干したり畳んだりしながら、一日あったことを振り返ってみる」などといい、管理業務を行うことも、一人前の保育者の重要な仕事だと教わりました。

しかし、保育者とは、突き詰めれば労働者であり、日本の労働者である以上、1日8時間、週40時間労働を基本とするという枠組みがあります。このことを抜きに一人前像を押し付けようとしてもがき、八方ふさがりだと思っていた私でしたが、抜本的に見直すためのポイントがみえてきました。

◆ 譲れないライン

抜本的な制度改革に着手し始めたころ、絶対に死守したいことを決めたことがありました。それは、「保育者が長く働きたい職場をつくる」「保育の質を下げない」ということでした。

保育者が充実して保育を行い、たとえライフステージが変わっても仕事を

継続できるよう、さまざまな制度改革を行う必要がありました。しかしそれは、あくまでも保育の質を下げずに行うということを前提としたのです。

　保育者が充実して働き、笑顔で機嫌よく余裕をもって子どもに接することは、養護者としての観点からは保育の質を最上級に上げることになります。しかし、エビデンスに基づいた教育・保育を行うことは、プロの保育者として求められることであり、私自身、絶対に譲れないことです。この2点を常に意識しながら、さまざまな改革を行うことにしました。

◆ 減らすのではなく、なくす

　まず取り組んだことは、雑務の分業でした。この改革の中で初期に失敗から学んだ大切なことは、減らしても意味がないということです。

　当初、中途半端に業務を減らし、保育者間での分業や分担を行いました。例えば、掃除や洗濯です。洗濯物を干す場所を統一し、園バス添乗の保育者がいる時間に添乗しない保育者が洗濯を行うという改革は、見事に失敗しました。なぜなら、保育者はみな「良い人」だからです。

　私の机上論では、当日業務を割り当てられた担当者が行うという計算でした。ところが現実は、バス添乗が終わった保育者がほぼ100%手伝ってしまうのです。「ありがとうございます！」「みんなでやったほうが早いから！」という微笑ましい会話から始まり、保育の話からプライベートな話まで手と口が動く空間には、組織としてはすばらしい光景が広がります。しかし、分業して業務が終了した保育者は早く帰れるはずの体制が見事に崩れ、全員が残ることになったのです。

　このほかにも、他クラスで起こったクレーム処理のため、心配そうに全保

園全体から出る洗濯物

外部事務スタッフとの打ち合わせ

育者が残っているなど、自分に割り当てられた仕事が終わり次第帰ることを前提とした制度は、すぐに機能不全に陥りました。

そこで、業務自体を消滅させなければ働き方改革は難しいということがわかりました。慣例的に行ってきた業務をすべて見直し、シールノートや不要な行事マニュアルは廃止しました。また、手紙の折り組み作業やアンケートの集計などは、フィニッシャー（複合プリンターの製本機能）の導入やICT化により、プリントアウトのボタンを押せば完了するようにしました。

また、保育者ではなくてもできる仕事も存在し、そのために導入したのが無資格者の採用でした。

◆ クリーンスタッフからママサポへ

まず導入したのが、クリーンスタッフという掃除専門員です。意外と時間がかかる保育室の掃除は、若手であるほど余裕がなく、手が行き届かないことが散見されていました。しかし、14時から16時半までのクリーンスタッフが入ることで、棚の後ろから水回りまでしっかりと掃除が行き届き、衛生面での保育の質が確実に向上しました。

さらに、保育室を見渡してみると、食事の配膳や片づけ、絵の具の掃除、各所の消毒作業など、さまざまな場面で保育者が子どもから離れる雑務が見つかりました。そこで、掃除だけではない補助スタッフとして、園児の保護者を採用するママサポさん制度を創設し、現在では各学年に1人ずつ配置しています。

職員室の掃除は、厨房スタッフが行う

ママサポさんがトイレなどを衛生的に保つ

ママサポさんが保育後、掃き掃除を行う

◆　「3 間」の確保

　さまざまな働き方改革を行う中で、有資格者にしかできない仕事が明確になってきました。その仕事は、コンタクトタイムとノンコンタクトタイムそれぞれにあることがわかってきました。

　保育者の仕事は子どもとかかわることが主であり、プロとしてどの子どもに対しても高い質の保育を行う再現性が求められます。しかし厄介なことに、再現性を保つためには、保育記録や理論といったエビデンスに基づく専門的な知識やスキルをもった保育者が子どもに柔軟に対応し、環境や教材を微調整し続けなければならないという逆説的なことが起こってしまいます。

　子どもを取り巻く社会的な環境が激変する中、子どもが興味をもつものやそれを探求する道具も大きく変化しています。これに対応するためには、保育者も常にアップデートしていかなければなりません。

　そこで、保育の質を向上させるためには、保育者も常に探究的に仕事に取り組む必要があり、そのためには保育者の「3 間」の確保が不可欠です。

　「3 間」とは、地域から子どもが消えた要因としていわれる「仲間・空間・時間」を指します。長時間保育が常態化し、多くのことを求められる日本の保育現場では、保育者の 3 間がいつの間にか消滅してしまったのです。そのため、3 間をシステムとして確保することが、質の向上のためには不可欠だと考えています。

話し合いの様子

3 間の確保に向けて

◆ 保育者の固定勤務化

　保育者が仲間として保育を進めていくときに重要なのが、人数です。

　園全体がチームという考え方は重要ではありますが、「各学年1クラスずつの幼稚園であれば」という枕詞を付けたほうがよいでしょう。保育者の人数が多いと、結局3〜4人程度で集まる感覚があります。長時間保育になると保育者の数が増え、どの園でも20人以上の保育者が働くことになります。すると、園全体でOneTeamというのは標語にすぎなくなってしまうのです。

　そこで正規職員について、シフト制ではなく2交代固定制としました。つまり、早番と遅番を原則固定にし、3〜5人のチームを編成し、1年間同じ仲間と仕事ができるようにしたのです。こうすることで、誰に相談しながら進めればよいのかが明確になり、保育者の協働が促進され、同僚性が向上します。

◆ ノンコンタクトタイムの確保

　この固定勤務化は仲間の確保だけではなく、時間の確保にも有効です。

　主任保育者によるシフト調整の時間がいらなくなることはもちろんですが、固定勤務により、誰がいつ保育から抜けてノンコンタクトタイムをとるのかを全保育者が把握し、調整できるというメリットがあります。明日も明

事務作業の様子

後日も、1か月後も半年後でも、ある時間（例えば13時）の勤務体制を誰もが言うことができます。だからこそ、突発的な休みや話し合いがあっても、すぐに自分たちで調整をすることができます。

　この調整可能な時間の中で、ノンコンタクトタイムを毎日2時間〜3時間確保しています。ノンコンタクトタイムの仕事は、記録・カンファレンス・環境・管理業務の4分野に限定しています。なぜならば、その他の仕事は別のスタッフでもできるからです。

　大切なのは、勤務時間内にシステムとしてノンコンタクトタイムを位置づけることです。「時間はつくるもの」といわれますが、さまざまな業務を行っているわりには園のお金を動かす裁量権が少ない保育者にとって、「時間はつくれないもの」です。自分に与えられた勤務時間で行う業務は何かを明確にして、初めて「時間はつくるもの」といえます。

◆ 見落としがちな空間

　そして最後に大切なのが空間です。園で研修を開く際に驚くのは、子ども用の椅子と机が並べられることです。しかし、職員会議や研修を子ども用の机といすで、腰とおしりをさすりながら行う場面は悪しき伝統です。

　保育のエビデンスとなる記録や話し合いは、保育の質の向上に不可欠であるのに、業務を行う環境や道具が整備されていないことは、あってはなりません。保育が終わったら自分の机があり、話し合いをするときには心地よい空間があり、飲み物やおやつを自分で選べるということは、他業種のオフィ

ソファ席での打ち合わせ。緊急時に対応する
ため、鞄を携帯している

園内のカフェのコーヒー

スでは当たり前のことなのに、なぜか保育業界では重要視されない傾向にあ
ります。

　専門職であり、保育者の同僚性が大切であるならば、ノンコンタクトタイ
ムを過ごす空間を整えることが保育の質向上のために必須の改善だと考えて
います。

◆ 常に改善を続ける意義とは

　保育の質の向上と働き方改革は相容<ruby>相容<rt>あいい</rt></ruby>れない難題だと思っています。保育は
生産業やサービス業とは異なる特殊な業種だと考えていますが、これはどの
業界のどの経営者も感じていることです。

　改善点なんてない、仕方ないとあきらめてしまえば、そこですべての進歩
は終わります。しかし、何かできるのではないか？　と他業種に目を向けて
みたり、働く側に立って床下をのぞいてみると、土台そのものから交換しな
ければならないことがみえてきます。

　一度改善に手を出すと、連鎖が起こります。どんどんよくなる一方で、改
善すると新たな不具合が見つかるという循環まで回り出してしまうという欠
点もあります。しかし、時代が変わっていく以上、常に改善を続けること
が、質の高い保育と質の高い職場の両立をする唯一の道だと信じていま
す。

♥ 職員インタビュー

改革を進める中で、
自身の意識にも変化が

木村裕依菜
（勤続10年）

　私は、働き方改革が始まる前から向山こども園で働き始め、管理職とともに働き方改革を進めてきました。

　当時は21時、22時までの残業は当たり前、休みの日に手紙や連絡帳を書くという、今では考えられないブラックな園でした。一方で、仕事を頑張っている充実感もありました。働き方改革の方向性が示されたとき、この仕事量を縮小するのは不可能で、現実的ではないと思いました。

　最初こそ遅々として進まない状況でしたが、さまざまな改革の中、自分自身の意識も変わっていきました。20時、18時、17時半…と退勤時間が早まるにつれて、家庭との両立も可能になり、仕事だけではなくプライベートも充実するようになっ

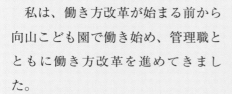

たのです。

　現在は育児休業中でこれから復帰するところですが、以前の職場だったら、復帰は絶望的だったと思います。勤務時間内に仕事を終わらせるという雰囲気や意識、仕組みとして業務自体が圧縮されているという安心感から、子育てやプライベートを両立させながら、仕事も頑張りたいと思っています。

　現在は後輩保育者の育成が課題なので、時間の確保も含め、前に進めていきたいと思っています。■

2-5 保育者の想いを受け止める 存在としてのカウンセラー

学校法人佛教教育学園　佛教大学附属幼稚園（京都府）

　保育者の離職の理由に「人間関係」が挙げられることがありますが、保育者の想いを受け止めて、寄り添う存在がいれば、心の健康の維持にもつながると思われます。

　ここでは、カウンセラーという存在が子ども、保護者、ひいては保育者に与える影響について、働き方という視点から考えます。

保育者のメンタルヘルスケアの必要性

◆ 社会の変化と幼稚園

　昨今、社会の大きな変容とともに、子育てを取り巻く環境も大きく変化しています。核家族や共働き家庭が増え、幼稚園であっても長時間子どもを預かることが求められています。

　当園は京都市内に位置する幼稚園ですが、周囲は嵯峨野の田園に囲まれており、豊かな自然環境に恵まれています。園バスは京都市右京区一帯を走っていますが、共働き家庭の増加に比例し、朝夕の預かり保育の利用者も増え、園に直接送迎する保護者も多くなりました。

　そのような中、保育者は担任業務のほかに、預かり保育や子育て支援を担当することもあり、その業務の量は年々増加する傾向にあります。また、核家族化に伴い、保護者が相談できる相手も限られています。保育者が、日々子育てに奮闘している保護者の子育ての相談や悩みなども一手に引き受けている様子が見受けられます。

　保育者は「保護者の子育てを支援するため」「子どもたちの心身の健やかな育ちのため」と奮起して業務に励むものの、精神的な負担は大きいと思わ

保育者と子どもたちのかかわり

れます。誠心誠意対応するあまり、疲労が積み重なり、体調を崩すことにもつながりかねません。

　そうでなくても、日々の保育にあたり、準備・後片づけをし、明日の保育につなげるために記録をとり、翌日の計画を立てるなど、仕事は広範囲で複雑です。保育者のストレスがどこかで受け止められたり、発散されたりする必要があると感じずにはいられません。

幼稚園カウンセラーの役割

◆ 幼稚園カウンセラーの存在

　当園には、運営する学校法人（佛教教育学園）の事業として「幼稚園カウンセラー派遣事業*」があります。幼稚園カウンセラー（以下、カウンセラー）が週に約２日、園に出勤します。カウンセラー派遣事業が始まった当初、カウンセラーの業務内容は、主に支援の必要な子どもにかかわり、発達や支援のあり方を担任と共有しながら、子どもの育ちをサポートするというものでした。

　この目的は現在も変わりませんが、事業が始まって10年以上経過する中で、カウンセラーの存在が、保育者のメンタルヘルスのための大切な役割を担っていることがわかってきました。カウンセラーの有無にかかわらず、保育者を取り巻く周囲の人たちがカウンセラーの精神を意識していくことで、保育者のストレス軽減、ひいてはメンタルヘルスを維持することにつながるのではないでしょうか。

◆ カウンセラーの業務

　カウンセラーは、保育者や保護者とミーティングルームに入り、改まってカウンセリングを行っているわけではありません。実に自然な形で保育に参加しています。子どもたちの目には、保育者として映るのではないかと思うほどです。

　カウンセラーは保育者と同様、子どもと生活し、子どもと遊びます。一緒に遊ぶ中で、一人ひとりの子どもを観察します。「どうかかわったらいいのでしょう？」と、担任から事前に相談を受けていた子どもには、特に時間をかけて丁寧にかかわります。そして、保育終了後、担任と個別にカンファレ

＊幼稚園カウンセラー派遣事業
学校法人佛教教育学園が設置する３幼稚園（佛教大学附属幼稚園、華頂短期大学附属幼稚園、東山幼稚園）に佛教大学臨床心理学研究センターがカウンセラーを派遣する事業。2010（平成22）年９月より実施。佛教大学大学院教育学研究科臨床心理学専攻の修了生がカウンセラーとして各幼稚園に派遣され、臨床心理学的視点に基づく子どもの理解と支援、保護者の相談への対応、保育者へのコンサルテーションを行っています。子どもと保護者、保育者、そしてカウンセラーがかかわり合いながらともに育っていくことを目的としています。

カウンセラーと子どものかかわり

ンスの時間をもちます。

◆　子どもとつながる

　保育者は、1クラス20～30人の子どもを担任として受け持っています。一人ひとりの子どもを丁寧に見ようとはするものの、限界があります。そのような時、カウンセラーが一人ひとりと個別にかかわることには大きな意味があります。

　例えば、集団から逸脱することが多く、保育室に戻る時間になってもなかなか帰ってこないことの多いAくんの場合です。担任は、保育室に戻るか戻らないかという行動ばかりに目を向けてしまいがちですが、カウンセラー

子どもに寄り添うカウンセラー

は、1日かけてAくんとゆっくりかかわる中で、Aくんは自分のやっていることに区切りをつけることが難しく、続きをやりたいという気持ちを強くもっていることに気づきました。

　そこで担任と、「まだこれをやりたい！」という気持ちを受け止める時間や場を設けてもよいのではないかと話し合いました。担任が「まだこれやりたいんだよね」と子どもの本音を受け止め、待つようにしたところ、子どものほうから「これをしたら終わりにする」と伝えるようになるなど、自分で行動を切り替えることが少しずつできるようになったのです。

　子どもと1対1でかかわり、心を深く読み取り、ともに必要な援助を考えてくれる存在がいることは、保育者にとって大変心強いと思います。

◆ 保護者とつながる

　Bくんは、集団の中で生活していくうえで、個別の支援が必要な子どもです。保護者の不安感も大きく、担任がBくんの成長を言葉で伝えるものの、「ほかのお子さんの育ちとBの育ちは違うと思います。この先、この園でやっていけるのか心配です」と、心の中にある不安を機会あるごとに話していました。

登園時の様子

　そんな折、担任ではないカウンセラーから「このひと月にこんなふうに友だちとかかわることができるようになりました。Bくんもとても嬉しかったようです」と、本人の気持ちを交え、保護者に報告しました。保護者は子育ての喜びを抱くとともに、集団生活の中にいることの意味も感じ取ることができたようです。このことは、カウンセラーへの信頼だけでなく、園への信頼にもつながったように感じられました。

　保護者が改まった場でカウンセリングを受けるのではなく、送り迎えの際の何気ない会話の中で、カウンセラーというわが子のサポーターから話を聞くことの意味は大きいと感じます。保育者にとっても、子どもの課題や療育の必要性など、すべて一人で保護者に伝えることはかなりのプレッシャーです。自分以外の言葉で、保護者に子どもの育ちや課題を伝えてくれる存在がいることは、安心して保育に励むことにもつながります。

◆ 保育者とつながる

　子どもの登園前、保育者は各保育室で準備をしています。その時間、カウンセラーは各保育室を回ります。特別な支援が必要な子どものいるクラスだけでなく、すべてのクラスを訪れ各担任の悩んでいることや意識していることを共有します。

　そして保育終了後、カウンセラーのもとに担任たちが相談しようとやってきます。それは主に、子どもの育ちや援助のあり方を共有するためです。長い場合、カウンセラーが一人の保育者と1時間ほど話をしていることもあります。

　以下はその一場面です。

保育者　　　「なんでCちゃんは、朝着替えるのを嫌がるのでしょう？」

カウンセラー「ほかに気になるものがあるのでしょうか」

保育者　　　「落ち着いて着替えることのできる場所を用意しているのですが…。自分でできるはずなのに、私のところに来るんです」

カウンセラー「もしかすると、一人で着替えることに自信がないのかもしれませんね」

保育者　　　「着替えることに自信がない…。Cちゃんの取り組んでいるところにもっと寄り添って、スモールステップで認める言葉をかけていきますね」

このように担任は、カウンセラーと話し合う中で、自分で答えを導き出していました。またある時には、

保育者　　　「Dちゃんですが、今まではそんなことがなかったのに、最近では何に対しても「いや！」と言って、一切何もしようとしません」

　保育者のこの話を聞いて、カウンセラーが1日ゆっくりDちゃんとかかわることとなりました。

カウンセラー「Dちゃんは、1日の間、身を委ねてくることが多くありました。スキンシップを求めるなど、愛着関係を確認しているようなところが窺えます」

園庭での様子

保育後、職員室でのカウンセラーと保育者

保育者　　　「なるべく1対1の時間をもつようにします。身体を動かして気持ちも発散できるようにしますね。家庭への投げかけも必要ですね」

カウンセラー「お母さんもいろいろな悩みを抱えておられるかもしれません。まずはお母さんの気持ちに寄り添ってみてはどうでしょう」

　この後、筆者（副園長）からも保護者にコンタクトをとり、保護者の心配事なども聞きながら、Dちゃんが発信していることの意味を保護者とともに話し合う機会をもつことができました。カウンセラーの提案が、保育者間で連携して子ども・保護者支援に取り組むことにつながった事例です。

　保育者は、常日頃忙しいことが重なり、日々抱える小さな「悩み」「疑問」を一人で抱え込みがちです。しかし、すぐに答えは出なくても、悩みを共有できる人がいるということは、保育者のモチベーションの維持につながっていると思います。

ともに考える人の必要性

　今回、カウンセラーの存在が保育者のメンタルヘルスの維持につながっているかどうかを考察するにあたり、保育者にアンケートをとりました。すべての保育者が「カウンセラーの存在が自身のメンタルヘルスの維持につながっている」と回答しています。カウンセラーへの相談内容の大半は「子どものこと」「保護者のこと」であり、「自身のこと」を相談している人は一人もいませんでした。しかし、すべての保育者のメンタルヘルスにつながっているという回答を踏まえると、カウンセラーが果たしている役割を周囲の人間が意識し行動化することが、保育者のメンタルヘルスの維持につながるといえるのではないでしょうか。

　次に、保育に携わる同僚として、保育者に対してどんなサポートが必要なのか、カウンセラーの取り組みから考えていきます。

◆ 話をできる存在

　保育者が口をそろえて言うのは「話せる場」としてカウンセラーがいることの心強さです。単に相手に話をできればいいというのではなく、「自分の

子どもの姿を共有する時間

思いをくみ取ってくれる人がいることの意味が大きい」と話します。

　保護者から悩みの相談を受けた時に、その保護者の深い思いに寄り添うあまり、「私が落ち込んでしまいそう」と、しんどい思いをもらす保育者がいました。しかし、それをカウンセラーに親身になって聞いてもらうことにより、状況を客観的かつ冷静にとらえることができたようです。保護者の気持ちも受け止めながら、落ち着いて言葉をかけることができたと言います。

　保育者として、願っていること、迷っていること、後悔していることなどは多々ありますが、その素直な思いを否定せず、「確かに…」と寄り添ってもらえることが、メンタルヘルスの維持につながっているようです。この「思いをくみ取っていく存在」として「話せる関係性」を築いていくことは、カウンセラーでなくてもできるのではないでしょうか。

◆ 一緒に考える存在

　保育者は、「子どものことや保護者のことを一緒に考えてくれる存在がいることの意味は大きい」と言います。それはいわゆる「指導」ではなく、ともに考える存在を必要としていることが伺えます。保育者とカウンセラーは保育の後に振り返りをしますが、その中で、保育者は自ら子どもへのかかわ

1対1でのかかわり

さまざまな子どもたちとかかわる様子

り方や自身の課題など、大切なことに気づいていきます。それは、カウンセラーの「こういう時はどうでしたか？」「こんなふうにしたらどんな反応でしたか？」という問いかけに答えているうちに「このようにかかわっていきたい」と導き出されるようです。

　特に、援助が必要な子どもたちにかかわるとき、保育者は「この子の発達をどうとらえたらいいのか」「私のかかわり方でよかったのか？」「私の見方で合っているのか？」と、自分の考えだけで保育を進めていくことに不安になりがちです。心の中に小さな引っかかりができたとき、気軽に相談できる存在がいること、自分とは違う視点で継続的にアドバイスをもらえることが、気持ちのゆとりにつながるのではないでしょうか。このことは、カウン

セラーだけでなく、同じ園にいる保育者も同僚として意識したい点です。

心の健康のためにできること

　人間はほかの霊長類とは異なり、3世代にわたって子育てできる動物であるそうです。それは、人にとって「共同養育者」が必要であることを物語っているように思います。

　現在、核家族化が問題になっていますが、子育てをしているお母さん、お父さんにとって、おじいさん、おばあさんやそれに代わる共同養育者が必要といわれるように、保育者にとっても、ともに子どもの育ちを考える存在が必要であることはいうまでもありません。

　ある保育者は、カウンセラーが子どもとかかわるとき、「この子のこんな表情を初めて見ました」と言いますし、またある保育者は、「カウンセラーと子どものかかわりを見ていると、私もそのようにありたいと思いました」と話します。

　日々の保育の中で、自分以外の大人が自分のクラスの子どもとかかわっているところを観察するのは難しいことです。担任であるからといって、子どものすべてを把握・認識しなければならないということは無理がありますが、保育者は子どものことをより理解しようと努めている存在です。

　保育に取り組む現場では、いろいろな人の目で子どもたちを見ていく中でこそ、多くの気づきがあり、必要な手だてが見つかるのではないでしょう

園の全景

か。何よりも、仲間とともに取り組んでいるという実感と、問題が起きても
それをシェアできる仲間がいることが、保育者一人ひとりの健康な心の維持
につながります。

　離職の理由に「人間関係のしんどさ」を挙げる保育者が多いといわれてい
ます。カウンセラーの意識には、「否定せずに受け止める」「一方的ではなく
情報をキャッチボールする」「継続的に支援する」というマインドがありま
す。これらのことは、カウンセラーでないとできないことではありません。
ともに子どもの育ちを願う者として、保育者同士、気持ちを受け止め支え合
う存在になっていくことが、働きやすい現場づくりとなるのではないでしょ
うか。

　また、当園は法人からカウンセラーの派遣がありますが、各市町村等行政
においても、カウンセラーの幼稚園訪問事業等が行われています。各私立大
学でも、親子のカウンセリング事業等が実施されています。現在はインター
ネット上でそれらの情報を得て利用することができます。常に外部からの情
報をキャッチできるアンテナを立て、「子どもたちや保育者のためになるの
では？」と取り入れ、試みることは、働く現場として成長のチャンスだと思
います。地域や各機関と連携を図り、ネットワークを広げていくことが、保
育者の負担軽減や心の健康維持につながるための第一歩なのかもしれませ
ん。

相手に寄り添う言葉かけ

岸本　岳
(幼稚園カウンセラー)

　私は、幼稚園カウンセラーとして3年間勤務してきました。子どもとかかわることが主な役割ですが、保育者とコミュニケーションをとることも大きな役割だと考えています。

　カウンセラーとして意識していることは、肯定的かつ共感的に話を伺うようにすることです。もう一つは、保育者の思いなどをくみ取れるよう、双方向のコミュニケーションを心がけています。

　これらは、カウンセラーという立場でなくともできることなのかもしれません。例えば、相談があった場合「こうしたらいいんじゃない?」と返す前に、「そんなことがあったんだ」「大変だよね」など、相手に寄り添う言葉かけがあるとよいのではないでしょうか。受け止めてもらえたという経験は、また相談してみ

ようというきっかけにつながると思われます。保育者同士が少しずつ意識することで、お互いに相談しやすい関係をつくることができるかもしれません。

　一人で悩みを抱えがちな保育者が互いに寄り添うことで、働きやすい環境づくりや安心して子どもと向き合うことにつながっていくのではないでしょうか。

保育の安心につながる、頼もしい存在

松本悠里
（幼稚園教諭、勤続 11 年）

　子どもたちと過ごす中で、「最近 A くんの様子が違うけれど、どうしたんだろう？」「自分なりに考えて援助をしてみたけれど、どうだったのかな？」と、日々保育をしながら考えたり悩んだりすることも多いです。そんな時、幼稚園カウンセラーと話をする中で、「この環境がこんな行動につながっているのでは？」「この援助が効果的だったのだと思いますよ！」と一緒に考えたり、保育を振り返ったりすることができました。

　話をすることで、子どもを理解する方向性がわかったり、自分の援助に効果的な意味があったことに気づかせてもらったりしました。そのたびに、保育者として大きな安心感を抱き、明日からも子どもたちと向き合って保育をしようという気持ちになりました。

　もちろん保育の相談も多いですが、丁寧に話を聞いてもらったり、一緒に子どもの成長を喜んでくれたりする存在がいることは、保育者として安心して働くことにつながっているのではないかと感じています。

「報告・伝達型の園内研修」から「語り合う園内研修」へ

　これまで見てきた事務作業の見直し、保育者のサポートは、保育者の働き方改革の中核をなすものですが、いずれも保育の質を向上させることを最終的な目的とするものです。その意味では、これまでの内容をいかに保育実践に反映するのかを検討していかなければなりません。本節では、保育者の働き方改革を起点として、保育実践の見直しについて検討している事例を紹介しています。

　保育者の働き方改革の一環として、園内研修の改革に取り組んだ園もあります。具体的には、「報告・伝達型の園内研修」から「語り合う園内研修」への移行です。どのように「報告・伝達型の園内研修」から「語り合う園内研修」へと移行するに至ったのかという過程や、試行錯誤を繰り返しながら徐々に保育者の意識が変わり、保育者の自主性が発揮されていく様子が参考になると思います。

　この園では、「語り合う園内研修」を行うようになってから、職員関係に変化が生まれました。また、対話が園内研修の場だけではなく、普段の保育中などにも広がっていったといいます。さらには、対話を基盤に経験年数の浅い保育者も意見を言いやすい環境となり、そのことが組織改革にも発展しました。

　いわゆるトップダウン型の組織から、保育者の主体性が尊重され、それぞれが個人の持ち味を発揮でき、安心して意見を言える組織へと移行する。そのため園長に代表される管理者が何をしなければならないのか、またマネジメントの重要性の認識までに至った事例です。

「保育の見える化」と「行事の見直し」

　「働き方改革チーム」を発足させ、「保育の見える化」と「行事の見直し」を中心に改革を進めた事例もあります。「働き方改革チーム」は、その構成員も若い保育者、子育て中の保育者、男性保育者、パート勤務の保育者と多様にすることで、保育者全員のための改革であることを目標にしています。「働き方改革チーム」が主導となり、行事は保育の延長ととらえて、行事の仕分けと見直しを行った様子にも言及しています。

　子どもの主体性を大切にした「楽しむマーチング」に演目を変更することに代表されるように、園の中で多くの楽器にふれあえる環境を設定し、小さい頃からの楽器遊び、リズム遊びを行うことで、音楽に対しての興味・関心

が高くなり、運動会をそのリズムを披露する場にした過程から学ぶことがたくさんあると思います。

「保育計画・記録の見直し」「時間の見直し」

　また、行事の見直しに加えて、「保育計画・記録の見直し」「時間の見直し」に着目した事例もあります。見直しに聖域はないという考え方、繰り返し振り返ることの重要性については、働き方改革においても重要です。聖域を設けず、繰り返し検証することによって、保育者の働き方改革はゆっくりとかもしれませんが進んでいくのです。何より各種見直しにより、保育者が子どもとかかわる時間が増え、子ども中心に考える意識が高まったことが大切です。

　本節の事例を通して、保育者の働き方改革、保育の質の向上は、保育の主役である子どもの成長を支援するためのものであるという認識を再度共有したいものです。

（佐藤和順）

　研修は園内の人間関係を映す鏡といえるのではないでしょうか。良好な関係を築けていれば、活発かつ建設的な意見が出され、有意義な研修になると思われます。

　よくある「伝達型」研修を、いかに対話重視の研修に変換し、職場環境の改善につなげればよいのか――順正寺こども園の実践を通して考えます。

園内研修の見直し

◆ 報告・伝達型の園内研修からの脱却

2008（平成20）年の保育所保育指針改定の頃、私たちの園では保育の見直しの取り組みを始めました。特に園内研修の重要性が叫ばれていましたので、当園でも園内研修の見直しをすることにしました。

その頃行っていた園内研修は、行事の内容を係が報告したり、クラスの様子を報告したりする「報告・伝達型の園内研修」でした。当然、活発な意見が交わされることはなく、発言するのは管理職や経験豊富な保育者ばかりで、経験年数の浅い保育者は、それを黙って聞くということが当たり前になっていました。

この園内研修を変えていくために、主任や副主任（当時）を園内研修コーディネーター（以下、コーディネーター）として任命し、改革を進めていくことにしました。主任や副主任は、それまでコの字型で発言がしにくかった席をアイランド型にするなど、少しでも会話しやすく、意見交換ができるような雰囲気をつくっていきました。このような取り組みのおかげで、経験年数の浅い保育者も声をあげられるようになってきました。

研修の雰囲気が少しずつ変わってきたところで、コーディネーターは研修内容の抜本的な見直しを行いました。「園内研修を、みんなで意見を交わしながら保育の現状や自分自身の課題について考えていける研修にし、さらなる保育の質の向上につなげていきたい」と考え、それまでの「報告・伝達型の園内研修」から「課題設定型の園内研修」に変えていこうと取り組みを始めました。

しかし、この取り組みはまったく違う方向に向かいます。研修を変えていった途端、少しずつ対話が生まれていた園内研修が、以前にもまして重苦しいものとなったのです。

◆ 課題設定型の園内研修を目指すはずが…

ビデオカンファレンスなどでは、保育の様子をビデオで撮影し、その映像を用いて議論していました。コーディネーターが、課題があると感じている場面を切り取り「このかかわりについてはどう思う？」「どうしてこの言葉がけをしたと思う？」などと保育者に投げかけ、かかわり方について議論を

促していくものでした。

　しかしその議論も自由なものではなく、研修で学んでほしいことをあらかじめ設定し、議論の流れや意見が外れると、研修のまとめで「子どもとかかわる時は、ここに気をつけましょう」「明日からは、ここを意識していきましょう」など、コーディネーターの思いに沿って、学んでほしいことを一方的に押し付け、保育者の考えや意見を無理矢理変えるようなものでした。

　そのような研修を続けていくと、保育者は「今日の答えは何だろう？」「主任や副主任が求めていることは？」など、子どものことではなく、コーディネーターが考えていることを探るようになっていきました。さらに、子どもではなく、管理職を見ながら保育をするようになり、保育の質も低下していきました。

　それがコーディネーターの「何でできないの？」「わたしたちの言うことをわかってくれないの？」という思いにつながり、保育者同士の関係が悪化していきました。取り組めば取り組むほど保育者の間に溝が生まれ、関係が悪化するという負のスパイラルに陥ってしまいました。ついには、保育が嫌になる保育者、退職する保育者まで出てきたのです。

　コーディネーターとしてよりよい園内研修を行い、保育を変えようと一生懸命取り組んでくれる主任や副主任。現場で子どもと向き合い保育を行う保育者。どちらも子どものことを思い、保育をよくしようと思っているのに、歯車がかみ合わず、最悪な状況になっていきました。正直、みんなが悩んでいるという状態でした。

研修一つとっても試行錯誤の毎日

園長としてどうにかしなければと、保育者やコーディネーターに「こんなふうにしたらいいんじゃない？」等のアドバイスもしましたが、彼らが求める的確なアドバイスはできず、事態が改善することはありませんでした。

往還型の外部研修への参加から

◆ 往還型研修からの学び

負のスパイラルに陥っている中で、広島市保育連盟で新たな研修を企画することになりました。園内研修でつまずき、どうしていいのかわからない状態で、今後は園内研修の必要性が大きくなっていくという認識から、園内研修を充実させる研修を提案しました。そして連盟として「園内研修コーディネーター養成講座」という研修を実施することになりました。

その内容は、外部研修での学びを各園での実践につなげ、それを外部研修で発表したり、他園の参加者と議論しながら学びを深めていくという、学びと実践を繰り返す往還型の研修です。当園のコーディネーターに「こんな研修があるんだけど、参加してみない？」と参加を促しました。コーディネーター自身も行き詰まっていたので、進んで参加しました。

参加したコーディネーターは、その時のことを次のように話してくれました。

「講座を受けて最も重要であると学んだのは、園内研修の目的は保育者育成と保育の質の向上だが、その基本となるのは子どもを理解すること、その子どもを理解していく土台には、子どものことを語り合える良好な保育者関係が必要であるということ。良好な保育者関係が保育の質を向上させるということです。私は、これらを学んだとき、「はっ！」としました」「園をよりよくしていこうと、研修方法や内容を幾度となく見直してきましたが、いつしか研修の目的が保育者の課題改善や意識改革に向けられており、良好な保育者関係とは真逆の状態をつくり上げたことに気づかされました」

◆ 「語り合う園内研修」の実践

このコーディネーターの学びから、園内研修は大きく変わることになります。

子どものことを楽しく本音で語り合い、その語り合いの中で、保育者同士

が互いのよさを知ったり、存在を認め合ったりすることのできる関係を築きたいという思いから、「語り合う園内研修」がスタートしました。研修の目的も、課題解決が目標となっていた園内研修から「語り合いにより良好な保育者関係をつくっていくこと」、保育の方法ややり方などを語るのではなく「純粋に子どものことを語り、子ども理解にその目的を置くこと」と定めました。

　それまで、保育者の動きや保育の方法をビデオに撮り話していましたが、

互いに思いを伝え合うメッセージ交換

交換したメッセージは保育者の宝物

答えのない子どもの思いや姿を語っていくことで、語り合いは変わりました。コーディネーターは今まで、司会進行役として保育者のグループには入らず、客観的に全体を見ていましたが、同じ語り合う立場の人間としてグループに入り、援助しながら保育者同士の対話をサポートするようにしました。こうすることで、対話が進むようになってきた気がしています。

　加えて、研修の終盤には、同じグループで語り合った保育者と行う「メッセージ交換」があります。「語り合う園内研修」に取り組むにあたり、保育者同士が互いの存在をそのまま受け止め、尊重し合える関係になれたらという思いから、当時の副主任が考えたものです。語り合う中で、その保育者の印象的だった発言や素敵だと感じた考え方や保育観、日頃伝えたくても伝えられない感謝の言葉などをふせんに書いて渡し合います。保育者は、交換したメッセージを個人のノートに貼り付けて大切に保管しており、気持ちが落ち込んだ時や自分のよさを見失いそうになった時などに読み返しているそうです。

語り合いが保育を変えた

◆ 良好な人間関係が対話を促す

　「語り合う園内研修」の導入後、保育者の関係に変化が現れました。対話が園内研修の場だけではなく、普段の保育中などにも広がったのです。

　以前もミーティングの時間を設け、保育や子どものことを話していましたが、義務的になっていたような気がします。しかし今では、普段から保育や子どものことを楽しそうに話す姿が見られるようになってきました。

　振り返ると、対話が広がってきたのは、良好な人間関係があるという安心感が生まれたからだと思います。ギスギスした関係では、ミスがないように、また意見が否定的にならないようにと無難なことしか発言できていなかったのではないでしょうか。

　この対話の広がりが、互いのことを知り認め合うことにつながっていきました。対話を重ねていくことで、「みんな違う考えをもっている」「得意なこと・不得意なこともそれぞれ違って当たり前」と理解し認め合える関係になってきました。

　互いのことを信頼し、また信頼されているから、安心して意見が言える、

自分が出せるという好循環が生まれてきたと思います。

◆ 対話が考え方を変え、保育が変わる

　対話は、保育者の考え方に大きな変化をもたらします。以前は「○○であるべき」「○○のようにすべき」といった固定的なとらえ方をすることが多かったですが、対話を重ねることで柔軟な考え方に変わっていきました。

　柔軟な考え方は、問いや疑問を生みます。「今の○○って○○じゃない？」「もしかして○○かもしれないね？」など、当たり前に行ってきたことを振り返り、自ら問い直していく姿が現れました。問いや疑問、振り返りが保育を変えていきました。

同僚として対話を引き出すリーダー（指導保育教諭）

リーダーの促しで広がる対話

　それまで、保育を変えていこうと一生懸命取り組んでいましたが、園内研修で何かを「学ばせよう」という押し付けの学びは、学びにはつながりませんでした。むしろ、押し付けの学びはマイナスに作用していたと思います。結果的に、園内研修での学びによって保育が変わったのではなく、園内研修で得た良好な保育者関係が保育を変えていきました。

　保育が変わると、保育者にもさらによい面が現れてきました。今までは子どもに「させる」ことで、保育者はある意味精神的なプレッシャーを感じていたようです。「させなければならない」「しなければならない」保育から子ども主体の保育に変わることで、保育者自身も主体性を発揮できるようになってきたと思います。ある保育者は「保育が楽しくなった」と話してくれました。

　今は、保育者の良好な関係が保育の質を高め、保育者のモチベーションを高め、よりよいものになるというプラスのスパイラルとなっています。

変わるのは私たちだった

◆ 保育者が大切にされ、声を出せる環境づくり

　私たちは、園内研修等を通して保育実践を見直していこうと考えていました。その考えは「保育者を変えていかなければ、保育は変わらない」という思いにつながり、保育者を追い込み、保育の質の低下を招いてしまいまし

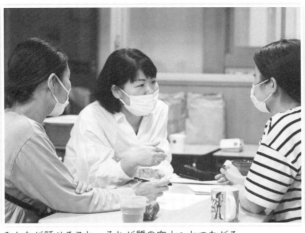

みんなが話せること、それが質の向上へとつながる

た。今考えると、一番変わるべきは私たち管理職だったと思います。私たちがすべきことは、指示を出し無理矢理変えていくことではなく、保育者一人ひとりが大切にされ、安心して声を出せる環境をつくることだったと思います。当時の私たちには、それが欠けていました。

　1年目の保育者が安心して声を出すためには、組織のあり方も変わるべきだと感じています。当園は園長、主任、リーダーというトップダウン型の組織です。トップダウンで強く言うことはありませんが、無言の圧力をかけたり、「リーダーは○○であるべき」「主任は○○すべき」という固定観念を生んだりしていたと思います。それは、一歩間違うと何も言い合えない、指示されたことをきっちりとするだけの組織となってしまうのではないでしょうか。

◆ 園長のマネジメント

　保育では、主体的な人を育てることを目指しています。トップダウン型の組織で、人に言われなければ動けない人に、主体的な人を育てられるとは思いません。保育者の主体性が尊重され、個人が持ち味を発揮し、安心して声を出せる組織が必要だと思います。

　その組織をつくり、方向づけていくのは園長です。上から命令するのではなく、忖度させて動かすのではなく、一人ひとりがいきいきと活躍できる組織となるように、大きな方向性を示すことが園長のマネジメントだと思います。今から考えると、管理職に対しても役割を求め、追い詰めていたと思います。改めて、園長のマネジメントのあり方を考えていかなければなりません。

　私たちの園はそのような組織を目指し、今新たな一歩を踏み出そうとしています。園にかかわるすべての人が尊重され、1年目であろうが、20年目であろうが、同じ立場に立って保育をする組織を目指して取り組んでいます。

　さまざまなことがありましたが、今はよい方向に向かっていると感じます。ここまで多くの時間をかけてきました。皆で悩み、苦しみ、試行錯誤しながら取り組んできた結果、語り合いのある風土ができてきました。今も同様に試行錯誤し続けています。皆で語り合いながら試行錯誤を続けていくことが、よりよい職場環境をつくり、保育の質の向上につながると信じています。

対話を軸に、
語り合うことが
リーダーの役割

本田智秋
（指導保育教諭、勤続22年）

　就職して9年目の頃に副主任となり、リーダーとして「保育をよりよくしていく」ために、保育者の育成に力を入れていました。当時は保育者に対して、上意下達の指導で自らの価値観を押し付け、過大なものを求めたことから、保育者が自信をなくし、関係は最悪なものとなってしまいました。ですから「保育をよりよくしていく」状況どころではありませんでした。

　転機となったのは、外部研修での学びでした。研修で、自分自身がリーダーとしての役割を果たすことばかりを考え、目の前の保育者と向き合えていなかったことに気づかされました。そして、保育者が互いを認め合い、尊重し合える園内風土を構築し、保育の質の向上を目指していきたいと思うようになりました。

　リーダーとしてのあり方を振り返るとともに、保育者への接し方・育成の方向性・園内研修のあり方等を見直し、同僚性を構築していくために、対話を主軸とした「語り合う園内研修」に取り組むことにしました。対話を重ねていくうちに、多様な見方や考え方、ともに考えともに学び合う関係性が築かれてきたと感じています。

　リーダーは、保育の質の向上を目指し、保育者の心もちを大事にしながら、対話の場をつくり対話を促していくことが不可欠であると考えています。 ■

3-2 管理者と保育者がともに 保育と働き方を見直す

社会福祉法人若竹会　幼保連携型認定こども園あそびの森あきわ（長野県）

　働き方改革を考える際、先に環境を見直すケースもありますが、結果的に保育者にしわ寄せがくることも予想されます。子どもの生活と遊びを切り分け、一つひとつ保育を変えていくことで、働き方が変わった事例を紹介します。

職場環境の見直し＝日常の保育の見直し

　職場環境・働き方の見直しは、保育者の働きやすさだけを追求してはなりません。幼稚園・保育所・認定こども園は、子どもが中心となって遊び、生活する場所であり、多くの大人、ここでは保育者や保護者といった人が支えているため、職場環境の見直しは日常の保育の見直しを抜きに考えることはできません。

　特に保育所保育指針は、2008（平成 20）年施行の前回改定から、幼稚園教育要領と同様に大臣告示になり、保育の質を考える責任が保育現場に求められるようになりました。保育所保育の特性を問われれば、誰もが「養護と教育の一体化」というでしょう。しかし実際の保育では「『遊び』と『生活』」をどう考えるのかが大切です。

　2017（平成 29）年告示の保育所保育指針が議論・検討されていた頃、とある研修会で、「保育所は、子どもの「生活」が優先される場面が多く、「遊び」が保障されていないのではないか」という話題があがりました。とりわけ、保育所の方針として、幼稚園、小学校に比べて長い日常のもとで規則正しい生活を進めていこうすると、自ずと遊びは区切られ、中断されることになります。

　ここに着目すると、子ども中心の生活や遊びでなく、園のデイリーや生活リズム、基本的生活習慣の自立を重視した保育者優先の生活や遊びが展開される結果となっていることがみえてきました。これが、本格的に保育を見直すきっかけとなり、私たちの保育環境・職場環境の見直しは、この時から始まったのです。

これまでの保育を見直す…その過程

　保育の見直しは、本来は目標を定めて、必要な項目ごとに計画的に検討していくことが必要で、必要な労力や時間的な無駄も省くことができると思います。しかし私たちの見直しは、決して目標地点への最短コースを考えず、目の前にある課題を 1 つずつ解決していくことで、必要なことを積み重ねていく形で行いました。

◆ 保育の意識改革

　「子ども主体・遊び中心」に保育内容を見直し、変えようとするためには、保育に新しい考えを基にした新しいやり方が加わることになります。当然ながら、仕事内容が増えることになります。これが、働き方を考える強い動機づけであり、①「子ども主体・遊び中心」の保育をすすめることと、②見直しの中で働きやすさを考えることが、車の両輪のように同時に進められていく必要がありました。

　まず、保育・働き方の両者の視点において、保育者の意識改革が必要でした。それは、生活よりも遊びを中心に考えること、すなわち、①子どもが自分でできる、②子どもがとことん遊び込めるという2点を保育の見直しの軸に据えることです。これにより、保育の構成・組み立て・環境・時間設定を考える際に、「本当に自分でできるようになっているのか」「とことん遊び込める保障がなされているのか」という疑問を繰り返しながら、保育を見直したり、振り返ることにしたのです。

　同時に、保育者にお願いしたのは、日常の保育を柔軟に変化・調整することです。つまり、「遊び」の状況に応じて、単に日課どおりに遊びや活動を切り上げるのではなく、必要であれば昼食の時間を遅くしてもいい、「生活」時間を変更してもいいとしました。ただし、給食の提供時間には一定の制限があるので、いたずらに遊びが継続することがないように留意し、配慮することにしました。

◆ 環境と保育者の手間

　遊びと生活のとらえ方や日課の考え方を意識改革していくと、環境の見直しや、「生活」と「遊び」の空間を極力切り離すことが必要となりました。特に、「とことん遊び込める」「遊びの継続や連続」を阻害している原因は、「生活」と「遊び」が同じ保育室で行われていることでした。

　それまで、昼食時間になると遊びを切り上げ、片づけ、ランチスペースを準備していました。つまり、遊びスペースを生活スペースに切り替えていたのです。この一連の行為は、遊びが中断されるためデメリットでもあり、そのたびに準備する手間も大変な労力で、子どもにも保育者にもプラスの要素が感じられませんでした。

　そこで、食事の場を保育室から切り離し、日常的なランチスペースをホー

保育者同士で保育の見直し

ル内に設けて、遊びと生活の場を切り離すことで環境の整理を行いました。同時に、給食のタイミングも、子ども一人ひとりが、遊びを切り上げたところで、自身の判断でいつでも食事に行けるように生活上のルールを変更し、遊びの保障を優先することにしました。

　このように、子どもが「自分でできる」状況を考慮しながら遊びと生活の整理を始めると、ロッカーなどの生活空間や遊びの空間の位置・動線などを行動しやすいように工夫するようになり、保育者の不必要な子どもへのかかわりを減らせるようになりました。

◆ 行事の見直し

　乳幼児期の子どもの成長にはさまざまな経験が必要です。しかし、子ども主体、遊びを通して学ぶという前提に立てば、行事を必要以上に設定して経験させることは、主体的な学びとはいえません。大切なのは、「子ども自身が経験する」「経験したことが遊びのきっかけとなる」ことです。

　行事は、どこの園でも保育者の負担を大きくし、またそのように感じさせるものでしょう。私たちも例外ではなく、日常の保育やその準備に加えて、行事のための事前準備や当日の段取りなど、当日までにこなさなければならないことが多くありました。当然ながら時間的余裕を失い、保育そのものや子どもとのかかわりにマイナスに作用することもあったと思います。

　さらに、子ども中心の遊びが継続的・連続的・発展的に展開し始めると、行事自体が遊びを阻害するものになっていました。子どもの関心が高い遊

び、例えば、バスを工作するためにバス会社の車庫にバスを見に行こうとなったとき、翌日に行事や日常的な設定保育が計画されていると、出かける予定が先送りになってしまいます。その結果、子どもの興味・関心が後退したり、関心のないものになってしまいます。

　また、子どもたちの興味・関心から始まった遊びが盛り上がり、もっとこうしたら遊びが充実するだろうという子どもたちのアイデアを取り入れようというときに、行事があるという理由で先送りされたり、継続しにくくなることが頻繁に起こりました。

　これらのことから、子ども自身が遊び込めば遊び込むほど、決められた行事が遊びを中断させていることが明らかになったのです。

　そこで、行事を①まったくもって不要と思われる、②時間をかけずに小規模でもよい、③今までどおりに進めたいものの３つに分類し、子ども主体の遊びと行事を比較し天秤にかけるように精査することにしました。すると、①と②に分類される行事が多くみられたので、思い切って行事の廃止、統廃合、規模の縮小を行いました。

　これにより、行事の準備のための拘束時間が激減し、子どもとともに遊びをつくり上げていくという、負担感の少ない楽しい保育の事前準備に切り替わりました。子どもにとっては、行事のための活動が少なくなることで、自分たちの遊びを継続することができ、同時に、行事内容も子どもたちと選択したり、決定したりすることが増え、「とことん遊ぶ」を実感するようになったのではないかと思います。

子どもが遊びを決める話し合い

他方、保護者にとっては、大半の行事が統廃合だったので、行事が急になくなったようには感じられず、また保育体験等の保護者が参加する行事や保育を増やしたため、スムーズに理解が進みました。一部の保護者（2世帯）から、やめた行事（親子遠足）に関して復活の要望も出ましたが、やめた目的とともに、これまで以上に子どもたちが普段の遊びから園外に出かけることを説明し、特別に行事として設けない旨、了解をいただきました。

不足した材料は子どもたちと買いに行く

子どもたちが考えた流しそうめん

流しそうめんから考えついた運動会競技

◆ 保育計画・記録の見直し

　保育計画・記録は、保育業務の中で保育者に評判のよいものではありません。計画を立てるということは、計画のとおりに実行することを求められていて、そのためには、保育者の意図が強い保育が先行していくことになります。しかし、大人の思いが優先する計画をやめれば、自然と日々変容していく子どもの遊びに合わせた計画ができあがってくるはずです。

　そうなると、子ども主体、遊び中心の保育を展開していく上で大切な要素の１つとしては子どものやりたいという思いや願い、挑戦しようとしていることを遊びに取り入れることです。保育計画・記録の見直しは、いかに子どもの興味・関心を計画に織り込んでいくかが大切になります。

　保育者は、子どもの興味・関心を知ることや子どもへの理解を深めるために、子どもの思いが表出されている「つぶやき」を拾うこと、そして子どもの遊びを丁寧に記録していくことが必要となり、これらをすべて記入できる記録方法として、ウェブ型保育記録を採用しました。

　この保育記録は、有効性がみえてくるにつれ、保育者に大いに受け入れられましたが、評判が悪くなったのは旧来の保育計画でした。新しい記録により業務が増えたことも影響していると思いますが、それ以上に、これまでの月案・週案・日案は、絶えず変化し続ける子どもの遊びを計画・記録していくのには不向きでした。

　例えば、週案では、前週に子どもの遊びを予想しながら計画を立てても、

デザインマップ作成

保育計画の見直し

その週の金曜日には、予想した子どもの姿・遊びになるとは限らず、必要に応じて修正しながら週案を書き直すことになり、二度手間でした。月案にいたっては、月末の子どもの遊びを予想し計画するのが無駄なことをしているように感じられたのです。

そのため、保育の記録方法の整理を行いました。ウェブ型保育記録を公式な記録方法として自治体の監査担当者に認めてもらい、年間計画と月案の一体化、ウェブ型保育記録を週日案として使用し、日誌をICT化することで、書類仕事の整理削減を図りました。同様に、連絡事項中心で文字情報しかなかった、3歳以上児の連絡ノートを廃止し、写真を中心に遊びの様子を伝えるドキュメンテーションに変更しました。

仕事量を大きく削減できたわけではありませんが、二度手間はなくなり、ウェブ型保育記録とドキュメンテーションへの変更は、文字だけの日誌と比べ、子どもの姿や様子を楽しく記録することができるため、保育者たちに受け入れられました。

◆ 時間的な見直し

時間的な見直しには2つの要素があります。1つは日課の見直しであり、もう1つはノンコンタクトタイムをつくり出すことです。

保育所でノンコンタクトタイムが創出できない理由は、長時間の利用者がいることにより保育者と子どもが離れる時間を確保できないことにあります。幼稚園や小学校では、通常、勤務時間帯に子どもがいなくなる、または大幅に減少する時間帯があり、保育や授業の研究・準備に充てる時間的余裕を確保しやすいです。しかし保育所では、国の最低基準どおりの職員配置では時間をやりくりしてノンコンタクトタイムをつくり出すことは容易ではありません。

そのため、時間の確保を目的に、保育の日課と保育者の時間の使い方の見直しを行いました。肝要なのは、5分でもいいから保育室から出るように意識してもらうことです。同時に、認定こども園への移行を視野に入れて*これまでのデイリーの考え方を大幅に変え、3歳以上児の午睡時間を遊び時間または休息時間とし、おやつの時間を少し早めるように変更し、おやつの時間以後の時間を子どもから離れて、打ち合わせ・研修・保育準備等に使うことができるように組み替え、その時間に職員の加配を行いました。

*日課の見直し
1号認定の子どもは15時に降園するため、いわゆる「帰りの会」を14時過ぎに行うようになりました。多くの保育園では、帰りの会は15時半〜16時頃かと思います。14時は午睡時間なので、午睡をしなくても、14時過ぎに「帰りの会」を行おうとは考えないかもしれません。

それにより、ノンコンタクトタイムとして使える時間が少しずつ増えてきました。毎週定期的に就業時間外に行われていた職員会議や研修を、夕方の時間に変更しました。その代わり、子どもに関することや重要事項確認の時間を夕方に設定し、日常の連絡や行事計画はネット上に掲載し、職員が誰でも閲覧できるようにしました。

　子どもから離れる時間は増えましたが、これまで時間内にできていなかったことややっておきたいことなども表出し、すべて会議や子どもに関する話し合いなどの時間に充てられたわけではありません。しかし、ノンコンタクトが当たり前と思える職場環境を広げていくことが少しずつでもできればと考えています。

見直しを振り返って：常に心がけておきたいこと

◆ 仕事への負担感をなくす

　これまで記してきたように、子ども主体の保育と意識改革、行事、時間の使い方、保育記録の変更など、日々の保育の見直しを行うと、保育者は「新しいことが増えた、仕事量が増えるのでは」と感じるものです。これは、新しいことを始めること自体がストレスを感じさせるためで、保育経験・人生経験の長いベテランほど変化を望まないものです。

　このマイナスイメージを払拭するために、見直しを進める際には必ず、新しいやり方を導入することで保育が楽しくなる・プラスになる、仕事の効率化により得をすると感じられる工夫が必要です。今までやってきたことを単にやめる、変えるのではなく、必要な一部だけを残すことで、仕事が減ると感じられることが大切です。また、新しいことを追加する場合には、思い切って何かをやめて、仕事が増えるイメージを極力なくし、わかりやすく具体的に示すことが有効です。

◆ 見直しに聖域はない…繰り返し振り返ること

　前述したように、子どもの遊び中心の保育を進めるために働き方の見直しを行うと、これまでの保育や業務に対する評価や判断が難しいことよりも、無意識で疑わないことや気にかけてこなかった事実が明らかになります。誰もやってはいけないと決めていないにもかかわらず、そう思って何もしない

でいたり、当たり前のように思っていることが見直しの対象から外れているということです。

　例えば、子どもの遊び中心に見直してきたはずなのに、なかなか変わっていかない場合、原因を精査すると「やってはいけないと思っていました」と中途半端な状態で止まっていることが多く起こっていたのです。

　この場合、園長やリーダーが丁寧に見直しの方向性を示しながら、一度すべての業務を見直し、変更するつもりでとらえ直すことが必要です。その結果、変えるべきところは変え、これまでどおり変えたくないところは残し、よりよい園文化を築いていくことが大切です。

子どもとともに保育者自身が変わったこと

◆ 子どもとかかわる時間が増え、子ども中心の意識が高まる

　子ども主体、遊び中心の保育への転換により、子どもの姿や保育内容を家庭に発信する機会が増え、保護者との情報共有の機会が増え始めました。

　毎日の様子をドキュメンテーション的に掲示し、遊びの進展をドキュメンテーションとして家庭に配布・紹介することで、保育や遊びに対する保護者

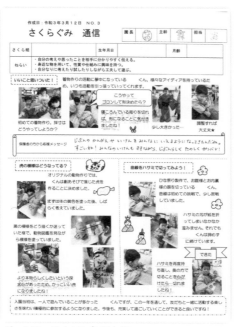

ポートフォリオ：3歳以上児

の関心が高まり始めたのです。相撲が盛り上がってくると、家族でちゃんこ鍋を食べに行ったり、いちごを育ててみたいといろいろと調べ始めると、園児の祖父がいちごの苗を持たせてくれたり…、園から車で20分以上かかる博物館に行くために、「朝7時30分駅集合」という呼びかけに保護者全員が協力してくれたこともありました。

　これは、子ども自身が遊びを楽しみ保護者に話すこともありますが、遊びの進展を視覚的に伝えるドキュメンテーションを通じて、保育者が子どものありのままの姿を伝え、保護者とともに子どもの成長を喜び合える存在になったからだと考えます。保護者の理解と支援は、保育者の自信につながり、保育を楽しむ心の余裕を生み出すといえます。

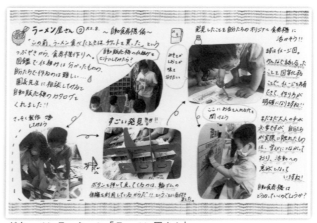

ドキュメンテーション「ラーメン屋さん」

◆ 「困難は分割せよ」保育者と支え合う成長できるチーム

　集団規模が大きくなるほど、組織内で業務内容を細分化して管理する仕組みとして役割分担が取り入れられます。その反面、仕事の分担によって、保育者は担当する役割だけに責任を負えばよいと思い、保育の現場でも仕事を硬直化させます。

　そのため、保育者の役割や責任に対する考え方を変える必要があります。当園では開園以来、年齢別のクラスで保育され、1クラス1担任による運営がされてきました。ですから、保育や業務の詳細は担任一人に委ねられていました。この場合、クラス担任個人の能力によって、クラスの状況、保育の内容に差が出てしまいます。

　保育者目線でいえば、子どもを楽しませる活動や行事の進め方が得意で、保護者対応や日常のやるべき保育以外の業務を「そつなくこなす保育者」がよい保育者で、これらがうまく進められない保育者が力のない保育者といった誤解を生じるとらえ方が存在していました。そのため、苦手なことは自力で解決しなければならないという誤った義務感が、保育の仕事にのしかかっていたように感じられます。

　今後求められる保育者とは、経験を背景とした「そつなくこなす保育者」ではなく、子どもの発達を理解し、遊びに参加して子どもとともに遊びを組み立て、子どもの成長をしっかりと伝えられる「パートナー的な保育者」です。この考え方に立てば、不必要な義務感や負担感がなくなり、保育者自身が主体としてクラス運営や遊びに入ることができます。これが、働き方が変わる第一段階です。

複数担任制の導入

　次に、クラス運営の中心となる担任を複数にしました。

　3歳未満児の保育においては、それまでも複数担任のクラス運営が行われていたため、複数になることに大きな問題はありませんでした。しかし、一人に拠らないクラス運営は、気がつくと単にクラスの仕事を複数に分けるといった、責任が曖昧な状態になりかねません。仕事量は大きく減少したかもしれませんが、チームとして機能することが大切で、リーダーにはその役割をもたせるとともに、複数人が協力して運営を進める必要がありました。

　行事についても、月の当番による持ち回りで、一人の責任者が準備を進めていました。そのため、行事によって作業量に違いがあり、クラス運営以上

に不公平感が発生していました。

　そこで、行事の担当者を時期が偏らないようにするとともに、協力者が必要な場合は募集することで多くの保育者がかかわるようになりました。特に、作画やデザイン、ピアノ演奏など、得意分野を活かす参加協力が、行事をこなす感覚から、行事そのものを楽しむ感覚を高めたと思われます。

チームによる保育実践

　第三に、チームとして保育を考えました。単に保育者が集まって話し合いをするのでは、従来行われていた職員会議と大きな違いがありません。そこで、いくつかのチームを編成し、役割を整理しました。特に、ウェブ型保育記録をベースに保育内容を組み立てていくために、0・1歳児のチームと2～5歳児のチームに分け、自分のクラスの計画をほかのクラスの保育者と一緒に話し合うようにしました。そうすることで、クラス担当者だけの思いではなく、多くの保育者の、多くの考えを持ち寄って保育をデザインするようになりました。

　その結果、クラスの子どもだけが自分の担当する子どもという感覚が薄れ、子どもの成長をともに喜び合える仲間として、保育者も成長し合うことができるようになってきたと思います。

　これら3つの意識改革によって、保育という仕事が子どものために何かを犠牲にしながら行うものではなく、子どもとともに保育者も成長し、しっかりと自身の学びや生きていく糧として価値のあるものになると感じてい

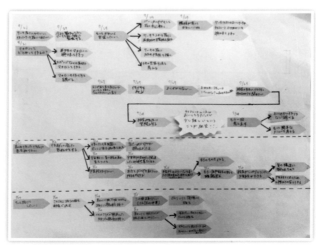

ウェブ型保育記録：デザインマップ

ます。

◆ 働き方見直しの最大抵抗勢力：管理者の意識改革と役割

　保育の見直しと働き方の見直しは、いずれも管理者である理事長や園長の決断とビジョン、方向性が左右します。一方だけの見直しは、負担感を増やすだけに終わる可能性があります。

　当園の見直しは、保育所保育指針の改訂がきっかけです。指針の目指すところから始めていますが、少しでも今のままでよいと思ったり、指針の五領域のねらいと内容が表記として変わっていないが、解説書での説明が大きく変わっていることに気づかないと、保育を変える必要がないと思ってしまいます。

　つまり、管理者には、自分のやっていることを疑いながら振り返りを行うことが求められます。そして、管理者が変えていくのではなく、現場の保育者によって少しずつ見直していく必要があります。それは、トップダウンで自園を変えていくのではなく、保育者自身が中心となって子ども主体の保育を楽しみ、充実させていくために変えていく必要があるからです。忘れてはならないことは、保育者自身が当事者意識をもち、見直しに参加しているかどうかがカギとなるということです。

　子どもとともに保育を組み立てていくことと同様に、管理者と保育者がともに保育と働き方を見直していくことで、園にとって無理のない、誰もがウイン・ウインに感じる最高の働き方・職場改革が可能になると思います。■

チームで考えれば、
遊びが広がる

金井智花
（主幹保育教諭、勤続 14 年）

　設定保育から子ども主体の保育への転換と、書類仕事などの保育事務の見直しは、試行錯誤しながらのスタートでした。子どもの姿やつぶやきから遊びを組み立てるといっても、興味のあることから遊びが広がるために保育内容に偏りが出たり、初めはウェブ型保育記録に記録を残すことに慣れず時間がかかり、仕事に余裕を感じられず、悩みは尽きませんでした。

　そういった中で、遊びをデザインしていく際に、クラス担任の枠を越えて皆で考えることで、多様な視点で遊びの広がる可能性を感じるようになりました。また、大人の願いが強く反映された活動をあらかじめ準備しておく負担が減ることで、子どもの様子に合わせて臨機応変に必要なものを考え、子どもと一緒に素材を探し研究することができるため、保育者も楽しく保育ができ、準備ができました。

　これからも、子どもと一緒に成長できることに感謝し、子どもの柔軟で面白い発想を見逃すことなく、子どもにかかわる皆で共有しながら、楽しく保育していきたいです。■

♥ **保育者の声**

学びと感覚が豊かになる

小林　遥
（保育教諭、勤続6年）

　子ども主体の保育を意識し始めてから、毎日が楽しいです。興味のある分野を取り上げることで、子どもはやりたい遊びを選び、意欲的に活動できます。また、活動の中で園外に出て実際に見る、本物に触れることも増えるため、子どもも大人も、学びと感覚が豊かになります。

　しかし、「そうなったらいいな」と、大人の願いが前に出すぎてしまうと、主体的ではなくなるため注意が必要です。

　日々発展していく子どもの活動に合わせた環境づくりも、大変ですがとても大切です。子どもが「自分でできる」ようにするためには、予想して事前に準備したり、明日もその遊びが継続できるように環境を整えたりします。

　そのためには、働き方も変えてきました。今までは、クラスの活動は担任だけで見ている傾向がありましたが、遊びの可能性や用意するもの、環境のつくり方について、クラスの垣根を越えてチームで話し合う時間を設けることで、幅広い視野をもつことができます。また、ノンコンタクトタイムをつくることで、集中的に準備ができたり書類をきちんと整理することができます。

　大変なこともありますが、子どもの成長が目に見えてやりがいを感じます。今後も子どもたちと楽しんで活動していきたいです。■

3-3 日常の保育を核として、行事を改革する

社会福祉法人熊崎福祉会　すみれこども園（大分県）

　多くの園で、行事の準備が保育者の負担となっているという声を聞きます。「特別な日」としての行事ではなく、日常の保育の延長と位置づければ、保育者の働き方も変わるのではないでしょうか。

働き方改革のきっかけ

◆ 希望をもって働いているか？　園内の働き方改革チームが発足

　6年前、筆者が園長になった際、「保育者は希望をもって働いているのか？」「夢に描いた保育者として、毎日を送っているのか？」と、自身が保育者として従事した経験も踏まえて考えました。保育士の平均勤務年数が10年に満たない現在、当園も毎年複数の離職者がありました。そこで、保育者一人ひとりがモチベーションを高め、希望をもって働ける職場環境づくりを実現したいと思いました。

　その後、大分県の「保育の働き方改革研究会」の委員に任命され、他園の状況や働き方について多くの知見を得ることができ、自園でも何か始めなければならないと考えました。そこでまず、保育者の意見や現状の確認を保育者主体で集約するべきだと思いました。なぜならば、保育者みんなが主体的に行動しないかぎり、本当の働き方改革にならないと考えたからです。

　保育者による働き方改革チームを発足させ、メンバーは「若い保育者」「子育て中の保育者」「男性保育者」「パート勤務の保育者」と、立場が異なる保育者で構成することにしました。多様な立場からの意見があれば、偏りのない改革ができると思いました。チームからの報告の内容は多岐にわたり、私が気づかないことも多くありました。何より、意見や思いだけでなく「どうやったら解決されるか」という解決策を提案してくれたのです。その前向きな現場の提案が、保育者とともに行う働き方改革のスタートとなりました。

仕事の負担感を把握する

◆ 改革に終わりはない

　まず、仕事の負担感について、全職員に無記名のWEBアンケート（51人の職員対象・負担に感じている業務を2つ選択）を行いました。結果は予想どおりでした。ICTの導入、就業規則の改正、保育補助者を含めた保育者の増員等、さまざまな施策を行い、状況はかなり改善されていると思っていましたが、改善すべき点は多くあったのです。特に「行事の準備」に対する負担の大きさが目につきました。

表 3-1　負担感を感じる仕事

行事の準備	45.1%
書類作成	36.3%
翌日の活動準備	8.8%
清掃等環境整備	4.9%
教材研究	3.9%
その他	1%

◆ 保育の質が下がるのは本末転倒！
負担ならば行事を減らす、なくせばよいのか？

　単に園の行事を減らす・縮小することは簡単にできるでしょう。保育者の負担は減るかもしれません。しかし、行事をなくすことで保育の質が下がるとしたら、保育の質の担保という意味からすれば本末転倒です。

　子どもは一人ひとり成長が異なります。多くの経験の中で主体的に活動し、心も体も豊かに成長していきます。日々の保育はもちろん、仲間とともにつくり上げていく行事をなくすことは、大切な経験を減らしていくことになりかねません。

◆ 行事は誰のため？

　以前、当園には保護者等に見てもらうための行事が多くありました。保護者に子どもの成長を感じてもらうことは重要です。しかし、園長を含めた保育者が決め、それを子どもたちに教え、全員ができるように頑張って練習をさせる一方通行だったといえます。

　特に運動会や発表会は、「一方通行」の力が入り過ぎていたように思います。自ら「頑張ってできるようになりたい」という子どももいましたが、一人ひとりが主体的に行事をつくり出す姿は少数でした。保育者にも子どもたちにも熱意があったことは事実ですが、熱量の方向が違ったのです。大人が見て「すごい」と思うだけの、保育者が満足度を上げるための行事でいいのでしょうか。

　何より子どもが主体的にかかわり、楽しみながらつくり出していくべきだと思います。行事は、子どもが心から喜んで参加するものでなければなりません。

職場環境の整理・整備

◆ 改革の根

行事の変更も大切ですが、まずは日々の職場を改善することが先決だと思いました。毎日保育を行う職場環境を整理・整備することが、保育の質の向上や充実、仕事の効率化、安全対策、保育者育成まで多岐にわたる「改革の根」であると考えたのです。

◆ 仕事を共有できる職場環境

3 歳以上児の複数担任制

園児の年齢が上がるほど、担任の保育や行事の負担が大きいのは、どの現場でも同じではないでしょうか。保育スキルの高い保育者がその任を担っている傾向にあると思います。

そこで「メンター制度」を取り入れ、3・4・5歳児は2クラスに分け、クラスの園児数を20人以下にし、担任と副担任の2人で担当するようにしました。

年齢の近い年上の担任がメンター（指導係）となり、保育の中で新任や保育者歴の少ない保育者を副担任として配置し育てます。メンター制度を導入したことで、担任への偏った負担が軽減されました。また、新任や保育者歴の少ない保育者は見通しをもって仕事ができます。仕事の効率が上がるとともに、保育時間が充実するようになりました。年齢が近く相談しやすい人間

園の様子

関係が構築されるため、保育者間のトラブルはなくなり、良好な精神状態で子どもにかかわることができます。

乳児クラスは業務を分担して対応

　当園では、0・1・2歳児クラスを担当する保育者は年齢幅が大きく、20代から70代まで在籍しています。日ごろからクラス担当全体で業務をカバーし合うことで、保育者の家庭の事情による早退や欠勤をカバーしています。特に、子育て中の保育者には「わが子とのかかわりが少なくなると、よい保育はできない」と、年配の保育者が積極的に業務を代わる姿がみられます。

行事は保育の延長

◆ 行事の仕分けと見直し

　私たちはまず、以下の視点から、行事を仕分けしました。

・　子どもの成長に必ず必要か？
・　子どもが楽しめる行事か？
・　年齢に合った行事になっているか？
・　保護者の負担になっていないか？

　この仕分けで、子どもに負担になっている行事を洗い出しました。そして年齢・内容ごとに整理することで、各年齢においてふさわしい行事の考え方ができるようになりました。

◆ 保育の延長が行事

　以前は完成度を求める行事でしたが、通常の保育の延長に行事がある形に変えました。もちろん、保育にも工夫が必要です。しかし、行事を保育の延長にしたことで子どもたちの成長や気づきが一律ではなくさまざまで、多くの可能性を保育者や子ども自身が発見できる結果となりました。

　この変更は、意図的に保育の環境を変えることでもあり、大きな変革の意思決定でした。

運動会マーチング

3つの行事の改革

◆ 小学校との共催から、独自開催に変更した「運動会」

　以前の運動会は、近隣の小学校に参加させてもらう形でしたが、今は、園独自の運動会を開催しています。

　現在のほうが大変では？　と思われるかもしれませんが、保育者の負担は軽減されています。競技数や演目は増加しましたが、保育の延長である演目を増やすことで、「行事の準備」が少なくなったことが要因だと思われます。

　以前は年長児が一輪車を披露し、年齢別の徒競走、園全体のダンスを行っていました。限られた時間、少ない演目のため保護者の期待も大きく、保育者にも「完璧にやらなければ・やらせなければ」という強い思いがありました。特に年長児の一輪車演技は、全員が横並びでできるようになるのは難しく、一部の子どもにとっては負担でしかありません。

　そこで演目を「楽しむマーチング」に変更しました。園の中で多くの楽器に触れ合う環境を設定し、小さい頃から楽器遊び、リズム遊びを行うことで、音楽に対する興味・関心が高くなっており、運動会はそのリズムを披露する場にしました。

　子どもたちは自分の好きな楽器を選び、演奏します。歩き方もばらつきがあり、マーチングに力を入れている園が見たら笑うかもしれません。しかし子どもたちは、揃いの衣装を身につけて、楽しそうに誇らしげに演奏します。

155

◆ 生活発表の場としての「発表会」
── 職員総出で集中的に準備

　発表会は、当園において一番大きな行事です。この発表会の位置づけを「生活発表の場」に変更しました。年度初めの4月から始まる生活の中で、一番興味のある歌や物語を発表する場にしたのです。発表会のために教え込むのではなく、日ごろ行っているヒップホップやリトミックを保護者に見てもらう場にしました。

　保育者が意図的に環境を設定する部分もありますが、子どもたちは日々の遊びの中で発表会ごっこなどを楽しみながら、発表会当日を迎えます。

　以前から、当園の発表会用の衣装、大道具、小道具はすべて手作りでした。発表会前になると保育者が毎日残業したり持ち帰って作ったりしながら、発表会前には疲れがピークに達していました。特に保育者が少ないクラスの負担はとても大きかったです。

　そこで取り入れたのが、祭日に保育者全員が出勤することによる全員での準備です。保育者、栄養士、調理師、事務、隣接する児童クラブの職員全員が出勤し、協力して大道具作りを行います。平日の保育が終わった後から始めると、準備と片づけだけでも時間がかかってしまいます。しかし1日で済ませることで、準備と片づけの効率が上がりました。自分のクラスが終わればほかのクラスを手伝い、1日で大道具作りが終了します。祭日に出勤したぶんは振替休暇をとります。

　また、衣装と小道具の一部は外部発注しました。子育て中で在宅勤務しているママサークルが県内にあり、そこに委託することでママサークルの利益にもなり、保育者の負担が軽減されます。発表会前の持ち帰り仕事はなくな

全職員協働による大道具作り

大道具作りを通して職員に一体感が生まれる

り、残業もゼロに近い状態になりました。

◆ 親や先生に感謝の気持ちを伝える「卒園式」

　卒園式は、毎年華やかに飾り付けをして年長児を送り出す大切な行事です。以前は、飾りをたくさん準備して、卒園式前日、園児が帰った後、保育者総出で慌てて残業し、飾り付けをしていました。

　この卒園式を、年長児が「親や先生に感謝の気持ちを伝える式」に変更しました。壇上の飾り付けから教室の飾り、写真を選んだり、親へのメッセージを書いたり、すべて子どもたちが考え、日々の保育の中で作成し、会場作りをすることにしたのです。子どもたちが育てたチューリップを飾ることを提案したり、「先生には内緒だよ！」とサプライズで考えてくれたり、以前の卒園式よりも心のこもった式が出来上がったように思います。

コロナ禍で気づいた行事のあり方

　以前は、保護者や地域の方が参加する行事を多く開催しておりました。しかし、2020（令和2）年度の行事は、新型コロナウイルスの感染予防のため「今までどおり」の行事を行うことができませんでした。

　そこで、「できない」ではなく「どうしたらできるか」に思考を変え、話し合いました。通常、園で生活をしている園児と保育者のみであれば、感染

園の様子

保育の本質を見つめ直すきっかけになった、コ
ロナ禍での感謝の気持ちを伝える式

感謝の気持ちを伝える式の飾り

リスクが少なく、実行できることがあるはずです。そこで、衛生管理を考慮
しながら、バス遠足や夕涼み会といった保護者や地域の方が参加していた行
事を園児のみで行い、年齢やクラスを分けて開催することになりました。

　規模を縮小することで保育者の準備時間が削減され、スムーズに行事を行
うことができました。みえてきたのは、子どもたちとのかかわりの深さでし
た。保護者への対応がないぶん、子どものために十分時間を使うことがで
き、子どもたち同士で遊び込む姿が見られ、充実した時間になりました。

　コロナ禍の折、改めて行事の本質を考え、見直したことで、結果的によい
行事となりました。

◆ 子どもに向き合う保育者の心身の健康、笑顔が働き方改革の成果

　幼児期の「遊び」はすべて「学び」になります。そしてその学びは「生き
ていく力」の糧になっていくと考えます。遊びの時間を行事の練習のために
大きく削るのはもったいないように思います。私たち保育者は、日々、子ど
もたちの遊びの中で素敵な表現や表情と出会います。この姿を保護者に見て
もらいたい。「保育の見える化」の1つが行事になることで、子どもたちの
本当の成長を保護者に伝えられるのではないでしょうか。

　多岐にわたる働き方改革が進む中、保育スキルを上げながら改革を進める
のは難しいことかもしれません。しかし、子どもたちの育ちを中心に行事の
見直しをすることで整理できるのではないかと思います。

　働き方改革に取り組むようになり、保育教諭の退職者は2年連続ゼロでし
た。2021（令和3）年度も43人の保育教諭と他の職員を含め55人で、毎日

休憩室

園の様子

園の外観

子どもたちの成長に携わっています。

　なぜ保育現場の働き方改革をしないといけないのか、保育で一番大切なのは、子どもに向き合う保育者の心身の健康、笑顔だと感じています。

　子どもたちの成長に向き合える素敵な職場が保育現場です。これからも保育者と「問題」も「嬉しさ」も共有しながら保育していきます。　■

子どもたちの笑顔と
保護者の喜ぶ顔が、
働き方改革の成果

大塚裕子
(保育教諭、勤続 6 年)

働き方改革を進める前は、担任として行事の負担が多くありました。年間の行事予定を見ると、1 つ終わってもまた次の準備をしなければならない。準備に追われ、日々の保育に集中できないこともありました。

実際、運動会が小学校の運動会への参加から、園単独にすると決まったときは、負担が増えるのではないかと不安でした。しかし子どもたちが楽しく参加できるよう工夫し、日ごろの保育から運動会につなげたことで、結局は負担が軽減されました。運動会を楽しみに待ちわびる子どもたちの姿。何よりも子どもたちの笑顔と保護者の喜ぶ顔を見ることができたのが、一番の改革だったように感じます。

そして、少人数のクラス分けにより、複数の保育者で保育できる環境となり、日々の保育はもちろん、行事に対するストレスも軽減されました。クラス間の連携がとれているため、園全体でフォローし合いながら行事を進めることができます。

2020（令和 2）年 10 月に第一子を出産して、2021（令和 3）年 9 月末まで育休中です。主人は同じ職場で働いていますが、主人も育休を取得し、産後の不安はありませんでした。また楽しい職場で働ける日を楽しみにしています。■

160

♥ 保育者の声

保育者が生き生きできる働き方へ

雄嶋佳代子
(主幹保育教諭、勤続 27 年)

　園の一大イベントである発表会は、働き方改革を進めるまでは、すべて手作りで、発表会前は練習と準備で「また発表会が近づく」と気合いを入れるばかりでした。

　以前、発表会が終わった後、保護者からの「ステージの先生方、顔が疲れてたよ」という言葉にはっとし、心が苦しくなったこともありました。しかし、働き方改革を進め、発表会の進め方を変えたことで、スムーズに発表会当日を迎えることができました。当日は保護者から「先生方が生き生きしていて、子どもたちも楽しそうでした」との言葉を聞き、嬉しさでいっぱいになりました。

　園長はよく「子どもたちが主体的に活動できる環境設定をしてほしい」と言います。保育と働き方の改革が同時に行われ、長年保育者として従事する私自身、心の切り替えが大変でしたが、今は毎日充実した時間を過ごしています。

　主幹の立場で保育者からの相談を受けることが多くありますが、以前は不安な悩みが多かったのが、今は保育の工夫や環境設定に対する考え等、前向きな内容に変わってきました。これも働き方改革が進み、心に余裕ができたからだと思います。

　これからも働きやすい職場になるよう、仲間と意見を出し合いながらよりよい保育を進めていきたいと思います。■

第 3 章

ワーク・ライフ・バランスの取り組みを実践・成功させるための基礎知識

Q&A

　ワーク・ライフ・バランスの取り組みを実践・成功させるために、知っておくべき労務関係の法律の基礎知識を Q&A 方式でまとめてみました。今まで、知らなかったり、気に留めたことのなかったりした内容があるかもしれません。法令を遵守することで、保育者にとって働きやすい職場となり、ワーク・ライフ・バランスの取り組みも実践しやすくなります。

　働き方改革についての相談窓口も案内していますので、気になるところから読み進めていただければと思います。

木元有香（弁護士・保育教諭）

I ┊ 就業規則

Q1 就業規則とは何ですか？

A1 就業規則とは、労働者に一般的に適用される労働条件や服務規律の制度（職場において守るべきルール）を定めたものをいいます。

　園（使用者）と職員（労働者）との間で、労働条件や職場において守るべきルールにつき、理解を共通にすることで、園と職員間のトラブルや職員の不満の発生を防ぎます。

Q2 園には就業規則を作成・周知する義務がありますか？

A2 常時10人以上の職員（労働者）を使用する園（使用者）は、就業規則の作成義務を課されています。作成した就業規則は、所轄の労働基準監督署長に届け出るとともに（労働基準法第89条）、当該事業場の職員に周知しなければなりません（同法第106条第1項）。

Q3 就業規則は労働契約の内容になりますか？

A3 園と職員が労働契約を締結する場合に、園が合理的な労働条件が定められている就業規則を職員に周知させていた場合には、その就業規則で定める労働条件が労働契約の内容となります（労働契約法第7条本文）。

Q4 就業規則に必ず定めておくべき事項はありますか？

A4 就業規則に定めておくべき事項には、必ず定める事項として労働時間・休憩・休日・休暇、賃金、退職に関する事項（解雇の事由を含む）等の「絶対的必要記載事項」（労働基準法第89条第1号～第3号）と、制度が存する場合には就業規則に定めておくべきとされている「相対的必要記載事項」（同条第3号の2～第10号）とがあります。

Q5 就業規則を変更する際に、注意点はありますか？

A5 就業規則を職員にとって不利益に変更する場合には、職員の代表の意見を十分に聴くとともに、変更の理由および内容が合理的なものとなるよう慎重に検討することが必要です（労働契約法第9条～第11条、労働基準法第89条、第90条）。

これに違反した場合、園は30万円以下の罰金に処されます（労働基準法第120条第1号）。

♣ 園長が勝手に変えているのではない

就業規則につき、園長が勝手に変えていると職員に誤解されることがあります。しかし、上記のとおり、就業規則の作成や変更の権限は使用者（すなわち、園を運営する法人）にあります。就業規則に不合理な規定があると思う場合には、園長に尋ねてみたり、労働基準監督署に相談してみたりすることが考えられます。

2 ┊ 労働時間

Q1 労働時間とはどのような時間をいいますか?

A1 労働時間とは、職員が園の指揮命令下に置かれている時間のことをいい、園の明示または黙示の指示により職員が業務に従事する時間は労働時間に当たります。

Q2 労働時間に制限はありますか?

A2 法定労働時間は、1日8時間、週40時間とされています(労働基準法第32条)。

これに対し、一定の要件を満たすことを条件に、この法定時間を「各週」単位でなく「一定期間平均」で守ればよいとするのが変形労働時間制です。園で採用される変形労働時間制には、「1か月以内の期間」(労働基準法第32条の2)と「1か月を超え1年以内の期間」(同法第32条の4)の2種類があります。

Q3 いわゆる残業とはどのような時間でしょうか?

A3 いわゆる残業、休日出勤などは、法定労働時間を超えた労働時間となります。このような時間外労働は、原則、月45時間、年360時間という上限が設けられています(労働基準法第36条第4項)。時間外労働については、割増賃金が支払われることになります(労働基準法第37条)。

Q4 残業については、どのように取り扱えばよいでしょうか?

A4 園にダラダラとただ残っていれば、そのすべてが労働時間となるという状況は、ワーク・ライフ・バランスを考えた場合、園にも職員にも好ましくありません。

そのため、残業は事前許可制にし、職員の残業申請を園が許可した場合にのみ残業を認める、という運用をすることが望まれます。

♣ **持ち帰り残業を認めない**

昔は、例えば、日中にできなかった書類仕事を持ち帰る、仕掛中の製作物を持ち帰って自宅で完成させる、などということが当然と考えられていたかもしれません。しかし、園がこれらの持ち帰り残業の成果を使用する場合、園には残業代の支払い義務が発生します。今では、持ち帰り残業を禁止し、持ち帰り残業を行わなくてもよい労働環境を整えている園も多数あります。

3 ┆ 休憩時間

Q1 休憩時間とは何ですか？

A1 休憩時間とは、職員が労働時間の途中において休息のために労働から完全に解放されることを保障されている時間をいいます。

1日の労働時間が6時間を超える場合は、45分以上、8時間を超える場合は1時間以上の休憩時間を労働時間の途中に与えるべきこと、休憩時間は職員の自由に利用させるべきことが法律で定められています（労働基準法第34条）。

♣ 休憩時間を必ずとる

本書の実践事例にもあるように、以前は休憩時間をとることを意識していなかった園もあるかもしれません。しかし、職員が休憩時間を必ずとらないと、休憩時間の分も労働時間とカウントされ、割増賃金が発生する可能性があります。また、休憩時間を与えないことが不法行為（民法第 709 条）に当たり、損害賠償請求が認められた裁判例もあります。ですので、今では、休憩時間を必ずとるようにシフトを組んでいる園も多くあります。

4 ┊ 休暇

Q1 年次有給休暇とは何ですか?

A1 年次有給休暇制度は、職員の健康で文化的な生活の実現に資するために、職員に対し、休日のほかに毎年一定日数の休暇を有給で保障する制度です。

職員の有給休暇権は、6 か月間継続勤務し全労働日の 8 割以上を出勤することによって当然に発生します（労働基準法第 39 条）。

Q2 有給休暇は、職員が指定した日に必ず取得できますか?

A2 有給休暇は、原則として、職員が指定した時季に与えられます。例外的に、職員が指定した時季に有給休暇を与えることが「事業の正常な運営を妨げる場合」には、園がほかの時季に有給休暇を取得するよう命じ、有給休暇の付与を拒否することができます（時季変更権）（労働基準法第 39 条第 5 項）。

Q3　有給休暇につき、働き方改革で何か制度が変わりましたか？

A3　働き方改革を推進するための関係法律の整備に関する法律（2018（平成 30）年法律第 71 号）により導入された制度に、年次有給休暇の時季指定（労働基準法第 39 条第 7 項、第 8 項）があります。これは、有給休暇の付与日数が 10 日以上である職員を対象に、有給休暇のうち年 5 日については、園は「職員自らの請求」「計画年休」および「園による時季指定」のいずれかの方法で年次有給休暇を取得させる必要がある、というものです。

♣ **子どもの学校行事が重なって、同じ日に複数人の職員が有給休暇を希望する場合は？**

園には職員配置の基準がありますので、同じ日に有給休暇をとれる人数にも限りがあります。

同じ日に複数人の職員が有給休暇の取得を希望する場合には、その希望者の中で話し合って、誰がその日に有給休暇をとるのか、その日とれなかった職員は、次の子どもの学校行事の日には優先的に有給休暇をとる、などのことを決めてもらうのが現実的かと考えます。

---

5 ： 同一労働同一賃金

Q1　同一労働同一賃金とは何ですか？

A1　同一労働同一賃金は、同一法人におけるいわゆる正規職員（無期フルタイム職員）と非正規職員（有期職員、パートタイム職員、派遣職員等）の間の不合理な待遇差の解消を目指すものです。

政府の働き方改革により、同一法人内における正規職員と非正規職員の間の不合理な待遇差の解消の取り組みを通じて、どのような雇用形

態を選択しても納得が得られる処遇を受けられ、多様な働き方を自由に選択できるように導入されました。

Q2 同一労働同一賃金の具体的な内容はどのようなものですか？

A2 具体的には、短時間労働者及び有期雇用労働者の雇用管理の改善等に関する法律（以下「パートタイム・有期雇用労働法」）第8条で、「不合理な待遇の禁止」が規定されています。これは、園が、正規保育者と非正規保育者との間で、基本給や賞与、手当などあらゆる待遇について、不合理な差を設けることを禁止するものです。

パートタイム・有期雇用労働法の改正は、2020（令和2）年4月1日より施行されています（中小事業主については2021（令和3）年3月31日までの経過措置あり）。労働者派遣事業の適正な運営の確保及び派遣労働者の保護等に関する法律も改正され、2020（令和2）年4月1日より施行されています。

♣ パート職員にも賞与を出している園がある

正規職員の早番・遅番の負担を軽減するために、パートタイム職員を積極的に活用している園があります。その園では、働き方改革の始まる前から、パートタイム職員にも賞与を出しています。同一労働同一賃金が導入されましたので、この機会に、
園の非正規職員への処遇に法令違反がないか確認してみることで、将来の紛争の芽を摘むことができると考えます。

Q3 短時間正規職員とは何ですか？

A3 短時間正規職員とは、期間の定めのない労働契約（無期労働契約）を締結しており、時間当たりの基本給および賞与・退職金等の算定方法等がフルタイム正規職員と同等の職員をいいます。

♣ **育休から復帰後、短時間正規職員として働く保育者**

ある園では、育児休業から復帰後、保育者が短時間正規職員を選べるよう選択肢を提示しています。この選択肢を提示するようになってから、妊娠前後に離職を選ぶ職員が減ったとのことです。

【参考資料】

・厚生労働省「これで解決！人材確保と定着　看護師・介護士・保育士「短時間正社員制度」導入・運用支援マニュアル　平成30年度版」

・厚生労働省「パート・有期労働ポータルサイト」

6 ｜ パワーハラスメント

Q1 パワハラとは何ですか？

A1 職場におけるパワーハラスメント（以下「パワハラ」）とは、職場において行われる

① 優越的な関係を背景とした言動であって、

② 業務上必要かつ相当な範囲を超えたものにより、

③ 労働者の就業環境が害されるものであり、①から③までの要素をすべて満たすもの

をいいます（労働施策の総合的な推進並びに労働者の雇用の安定及び職業生活の充実等に関する法律第30条の2）。

上司から部下に対して行われるものだけでなく、先輩・後輩間や同僚間、さらには部下から上司に対するさまざまな優位性を背景に行われるものも含まれます。

Q2 どのようなものがパワハラに当たりますか？

A2 パワハラの典型例として、次の6つの行為類型が挙げられますが、これらの類型に該当しない行為でも、パワハラに該当し得ますので、ご注意ください。

①身体的な攻撃（暴行・傷害など）、②精神的な攻撃（脅迫・名誉毀損・侮辱・ひどい暴言など）、③人間関係からの切り離し（隔離・仲間外し・無視など）、④過大な要求（業務上明らかに不要なことや遂行不可能なことの強制・仕事の妨害）、⑤過小な要求（業務上の合理性なく能力や経験とかけ離れた程度の低い仕事を命じることや仕事を与えないこと）、⑥個の侵害（私的なことに過度に立ち入ること）

♣「指導」と「パワハラ」の違い

個人の受け止め方によって不満に感じる指示や注意・指導があっても「業務上の適正な範囲」内であればパワハラに該当しません。「業務上の適正な範囲」との線引きが難しいケースがありますが、そのようなケースこそ、第三者の意見も取り入れ、パワハラを起こさないよう、慎重な対応をとることが求められます。

Q3 パワハラにつき、園（事業主）は何らかの措置を講じることが定められていますか？

A3 指針（「事業主が職場における優越的な関係を背景とした言動に起因する問題に関して雇用管理上講ずべき措置等についての指針」（令和2年1月15日厚生労働省告示第5号））により、園は次の措置を講じることが義務づけられています（大企業は2020（令和2）年6月1日より義務化、中小企業は2022（令和4）年4月1日より義務化）。

①園の方針等の明確化およびその周知・啓発、②相談（苦情を含む）

に応じ、適切に対応するために必要な体制の整備、③職場におけるパワハラへの事後の迅速かつ適切な対応、④併せて講ずべき措置（プライバシー保護、不利益取扱いの禁止等）

♣ **アンケート調査で主任のパワハラが明らかに**

ある園で、理事長が全職員にアンケート調査を行ったところ、理事長の知らなかった主任のパワハラが明らかになりました。理事長は、主任にアンケート結果を知らせ、主任も改善を誓いました。このことにより、離職を思いとどまる職員が複数名出てきました。その園では、職員に対

し、今後も定期的にアンケート調査することを伝え、職場環境の改善に努めています。

Q4 パワハラはどこに相談すればよいのでしょうか。相談窓口はありますか？

A4 相談窓口には、内部の相談窓口（先輩、主任、園長、理事長等）と外部の相談窓口（都道府県労働局、都道府県労働委員会、都道府県庁、法テラス、法務局、裁判外紛争解決手続（ADR）等）があります。
まずは内部の相談窓口を利用し、解決しない場合には、外部の相談窓口を利用することが考えられます。

7 園の相談窓口

働き方改革について、園の相談窓口としては、働き方改革推進支援センター（厚生労働省）があります。

おわりに

　働き方改革関連法が施行され、その必要性やワーク・ライフ・バランスの実現が、保育現場でも喫緊の課題となっています。しかし、実際には「毎日残業」「事務仕事が増えている」「ノンコンタクトタイムなんてとても無理」という声が多く聞かれます。一方で、実際に働き方改革に取り組んで、一定の成果を出している園もあります。どこにその違いがあるのでしょうか。

　本書では、事務作業の見直し、保育者のサポートおよび保育実践の見直しを視点に、複数の園での実際の取り組みを紹介しています。あえて失敗例にも言及していただきました。それぞれの取り組みは、園の状況によって、機能したり機能しないことも考えられます。この方法が A 園では有効であったが、B 園ではあまり働き方改革として意味がないということもあるでしょう。また、同じ園であっても C 先生には有効であっても D 先生には有効でないということもあるでしょう。

　これらは当たり前のことです。なぜなら、働き方のニーズは個人によってもその環境によっても変わるからです。一様にこれで大丈夫という方法はありません。自分で考えて自分に合った働き方改革を模索することが大切です。本書の事例を通して、ぜひ、それぞれの園、それぞれの保育者に合った働き方改革を探してみてください。

　保育者にとって魅力的な園は、きっと子どもにとっても魅力的な園に違いありません。働き方改革は、魅力的な園をつくる一つの要素にすぎません。魅力的な園で、しっかりと子どもの育ちを支える、保育者が自己実現できることに本書が役立つのであれば、幸いです。

　最後になりましたが、本書を発行するにあたり、社会福祉法人日本保育協会に監修いただいたことはとても大きな支えとなりました。また、企画・編集に携わっていただいた中央法規出版の平林敦史さんからは、仕事の進め方、準備の大切さなどを学びました。関係していただいたすべての方に感謝しつつ、多くの皆さまに本書を活用いただくことを心より願っております。

2021 年 8 月

佛教大学　佐藤和順

執筆者一覧

♠ 編著者

佐藤和順（さとう・かずゆき）

佛教大学教育学部教授・佛教大学附属幼稚園園長・岡山県立大学名誉教授。博士（学校教育学）。兵庫大学短期大学部助教授、就実大学教育学部教授・就実教育実践研究センター長、岡山県立大学保健福祉学部教授・地域連携推進センター長を経て現職。著書に『MINERVA はじめて学ぶ保育2　教育原理』（分担執筆、ミネルヴァ書房、2020年）、『保育学用語辞典』（執筆、中央法規出版、2019年）、『保育者のワーク・ライフ・バランス　現状とその課題』（みらい、2014年）などがある。

♠ 執筆者（執筆順）

久保浩司（くぼ・こうじ）………… 社会福祉法人はなぞの会　ころぽっくる保育園　園長

彌田昌克（やだ・まさかつ）………… 社会福祉法人徳丸福祉会　餅ヶ浜保育園　園長

野本宣寿（のもと・のぶひさ）………… 社会福祉法人玉林会　南大分に笑顔咲くえん　わらひ　園長

橋本富明（はしもと・とみあき）………… 社会福祉法人松栄福祉会　羽村まつの木保育園　園長

宮川洋子（みやかわ・ようこ）………… 社会福祉法人宮川福祉会　こじかこども園　園長

渡邊祐三（わたなべ・ゆうぞう）………… 社会福祉法人橘会　御南まんまるこども園　園長

木村　創（きむら・はじめ）………… 学校法人仙台こひつじ学園　認定向山こども園　副園長

村上真理子（むらかみ・まりこ）………… 学校法人佛教教育学園　佛教大学附属幼稚園　副園長

伊藤唯道（いとう・ゆいどう）………… 社会福祉法人順正寺福祉会　順正寺こども園　園長

竹内勝哉（たけうち・かつや）………… 社会福祉法人若竹会　幼保連携型認定こども園あそびの森あきわ　園長

神田寿恵（かんだ・としえ）………… 社会福祉法人熊崎福祉会　すみれこども園　園長

木元有香（きもと・ゆか）………… 鳥飼総合法律事務所　弁護士・保育教諭

（所属・肩書きは2021年8月現在）

保育者の働き方改革
働きやすい職場づくりの実践事例集

2021年　9月 10日　発行

監修者	社会福祉法人日本保育協会
編著者	佐藤和順
発行者	荘村明彦
発行所	中央法規出版株式会社

〒110-0016　東京都台東区台東 3-29-1　中央法規ビル
営　　　業　Tel 03(3834)5817　Fax 03(3837)8037
取次・書店担当　Tel 03(3834)5815　Fax 03(3837)8035
https://www.chuohoki.co.jp/

印刷・製本	株式会社アルキャスト
装丁・ 本文デザイン	株式会社ジャパンマテリアル
本文イラスト	みやいくみ

定価はカバーに表示してあります。
ISBN978-4-8058-8373-0

本書の内容に関するご質問については、下記 URL から「お問い合わせフォー
ム」にご入力いただきますようお願いいたします。
https://www.chuohoki.co.jp/contact/